vmn

SIEGWARD ROTH

Geschlechterzores

En Leitfoarrem
fier mittelhessische Männer

vmn
Verlag M. Naumann

Copyright by
Verlag M. Naumann, **vmn**, Hanau, 2007

2. Auflage 2009
ISBN 978-3-940168-47-4

Gesamtherstellung:
AALEXX Buchproduktion GmbH, Großburgwedel

Umschlagzeichnung: Udo Heise, Albig
Umschlagidee: Kathrin Bayer, Gaberndorf

Bibliografische Information der Deutschen Bibliothek
Die Deutsche Bibliothek verzeichnet diese Publikation in
der Deutschen Nationalbibliografie; detaillierte bibliografische
Daten sind im Internet über http://dnb.ddb.de abrufbar.

**Mei'm
Dennis**

Inhalt

Voarneweggescheckt
Huchzetsdoag 9
Sesomezucke 12

I. Sealbstbesinnung
Empörung 14
Somele 15
Oabgucke 18

II. Zoum Status quo
Woas eas eigentlich lus?
Verwirrung 20
Emotionale Osprich 29
Philosophisches 37
Schrulliches 47
Physik 57
Psychologie 63
Hamlich Herrschaft 72
Geburtsfehler 79
Un die Moral vo der Geschicht 89

III. Tipps un Tricks
Vo Mann zou Mann
En Ofang met Bedoacht 91
Emotione 93
Pflegetrieb 93
Schlisselreize 94
Klaane Hemer 97
Om Rand betroacht 102
Toleranz-Moster 111
Klaa Madche 117
Märchestonn 118
Kasperletheater 122
Prinzesschen 126
Noochlaaf-Technik 130
Ajen Welt 143
Macht 155
Beziehungspflege 161
Achtung: Sealbstbetrug 164
Verwirrung und Verständichung 169
Nüchtern betroacht 173
Onnerim 178
Aale Rollemoster 179
Ginante Herrschafte 188

IV. Alles ean allem 197

**Wann die Sach neat so ernst wir,
mer kennt sich en Spass draus mache.**

Voarneweggescheckt

Huchzetsdoag

Se hu Huchzetsdoag, de poarunzwanzichste, im genau se sei. Un weil se schlau woarn, hu se sich dehaam fortgemoacht. Im Auere zehe harre se schun e ›historisch Spazierfoahrt‹ innernomme, un zwar met em aale Zuch. Doas hat he sich gewünscht. Nochemol ean so er Eiseboh se setze, wäi däi freuher woarn: met Holzbänk, of dene Messinggestelle fiersch Gepäck montiert woarn, un met Feanstern, däi mer noch offschiewe un sogoar während de Foahrt schlitzweis offlosse konnt, wann de Schaffner naut saht, un wann sich neat groad imetz eawwer de Loftzug beschwiern deat.

Däi aalt Damplok hat wäi gemolt eam Bahnhob gestanne, met ihre schwoarze Scheuklappe un dem kräftiche Rut vom Gestänge un de Spaechererrer, hat leise gezischt un weitaus zouverlässicher ausgeseh wäi vieles, woas haut so weandschnittich, kurzleawich un blasiert doherkimmt. ›Ja, genau!‹ woarsch ihm durch de Kopp geschosse, wäi se vir dem Koloss gestanne harre, un es woar em groad so virkomme, wäi wann e erscht geastern noch ean seine Knäistrimp dro vorbeigelaafe wir.

De Bahnsteich hatt voller Leut gestanne, däi all gucke wollte, un däi ihrn Spass demet harre, sich o ›geastern‹ se erinnern. Jeder hatt woas se verzehle gehoat un es woar e Offrejung un e Gedrängel geweast, deass mei kaum anstei- je konnt.

Ganz seltsam hat sich doas alles ogefeuhlt, wäi wann met der aalt Eiseboh aach des ganze Drimerim aus de Vergangenheit of amol richtich braat meatte ean ihrm Huchzetsdoag gestanne hätt.

Un dann woarn se ogefoahrn. Met dem unverkennboare Geruckel (deass he groad wearre gedoocht hat: ›Ja, genau!‹) un em ganz lange, ganz schwierfälliche Hufffffffffffa – Huffffffa – Hufffa ...; met Dampstieß, däi eawwer de Bahnsteich zische deare, zwische die erschreckende Leut; met

9

Winke un Lache; un met fruhe Keanneraache, däi ganz plötzlich ean viele aale Gesichter ofgetaucht woarn. Eraus aus dem Bahnhob vo haut, ean dem originale Gerumpel vo ugefiehr 1958; eawwer die naue Betonglaase, of die aalt Streck, met Erinnerunge un Gefeuhle, däi se ganz ausfelle deare, un däi en seltsame, en schiene Ernst ean ihre Gesichter wachgeruffe harre; während meatte ean ihrm Huchzetsdoag fremde Babbas ihr Keann os Feanster huwe un e Mamma eam Gang de Outdoor-Rucksack nooch em Schnuller durchsuche deat.

Se harre aach die Gelejenheit genotzt un noch emol des Feanster halb eroabgemoacht un geje de Foahrtweand enausgeguckt, während die Lock ean er langgestreckt Rächtskurv – schun neat mieh langsam – ean den schiene Sommerdoag stampfe deat. Met klaane Dampwimpelchen, däi zwische de Rerrer erausflattern deare un vom Foahrtweand oabgereasse woarde, un dem mächtige Ausstuß aus'm Schornstaa, den se eigentlich weiß ean Erinnerung gehoat harre, der oawwer doch aach wearre so wäi freuher stunk, sodeass se des Feanster gleich wearre zougeschowe un sich debei sefriere ogelacht un irgendwäi glecklich zougenickt harre.

Etz setze se ean em virnehme Restaurant, weil se schließlich woas se feiern hu. Doas woar ihr Idee. Wann mer schun so lang verheuroat eas, dann will mer sich joa aach emol woas Besonnersch gönne. E Easse o em fei gedeckte Desch, met er schwier Damastdeck un Serviette aus em bassende Stoff; met Kellner ean schwoarze Jacketts, däi aam tatsächlich so behannele, wäi mersch sonst nur eam Fearnseh sieht; met em freizügiche Blick durch e schie gruß Gloasfront, eawwer e Sommerterrasse eweg, ean eus wonnerschie mittelhessisch Gejend; un met er automatisch, fast geräuschlos Gloasdier, durch däi die Kellner eawwer en schmoale rure Läufer mieh se schwewe, wäi se laafe scheine.

Die Atmosphäre eas wäi bei bessere Leut, die Desch stieh grußzügich verdaalt, die Gloasdier mächt – uhne Hektik, oawwer immer eam richtiche Moment – fier die Kellner off un zou, sodeass jedesmol en ganz leichte Hauch vo Sommerloft des Gefeuhl vermittelt, wäi wann se häi dreann aach noch irgendwäi halb draußte seße. Viernehm sereckgezeh eam Schoatte gucke se eawwer die Sonneterrass – noochdenklich un met e bessche Oabstand, wäi wann se ean die vergangene poarunzwanzich Johrn serecksinniern deere. Die gepeafferte Preise sei en etz emol egal, weil se doas aach e bessche als Belohnung fier all doas begreife, woas mer ean so em Eheleawe alles merrenanner aussestieh hot.

Während se so schun ean Aachebleck setze un sich gejeseirich immer wearre o Anzelheite vo de Zuchfoahrt erinnern, losse se sich beiläufich vom Treiwe of de Terrass innerhale. Groad stit draußte en innersetzte Mann vo em gruße Sonnedesch of, met offenem Hemb un Schwaaß of de Glatz. E kennt so ugefihr ean ihrm Aaler sei un mächt de Eandruck, wäi wann e emol schneall of de Klo misst. Dobei sucht e imständlich de kearzeste Wäg, earbt sich eam Slalom zwische de Desch durch, un läft schreech of die Gloasdier zou. So kimmt e neat eawwer de virgesehene Wäg. De Bewejungsmelder kann en so woahrscheinlich neat registriern. E guckt nooch seine Feuß, wäi wann e des Gefeuhl hätt, en Schouhbännel wir off, un läft eam nächste Moment schun, wäi e groad wearre ofguckt, voll met dem Kopp geje die Gloasdier.

Eandem sich sei Gesicht fier en Sekundebruchdaal flächich un weiß of de Scheib oabdreckt, hot sich de Brell quer eawwer Noas un Backe verschowe un scheint ean dem flache Daik-Gesicht se versinke. Oawwer eam sealwe Aachebleck (ean dem de laure, alarmierende Schloag des ganze Restaurant ofschreckt un die Kepp vo Gäst un Kellner erimreißt, der flüchtiche Moment, ean dem der Mann met zougepeatzte Aache un em verzerrte Mund vo de Scheib sereckschleet, ean dem e die Earm hukreißt un met eangeknickte Knäi sein struwweliche Kopp weit nooch de Seit erimwirft, wäi wann e dem Schloag noch entgieh kennt), ean dem e nooch heanne imfällt, fläit de Brell eawwer sein Kopp eweg, schreech nooch heanne – durch en gläserne, healle Kreasch vo em erschrekkte Weibsmensch – of en sesomezuckende Noochberdesch zou.

Se hu zoufällich groad alle zwaa hiegeguckt, hu doas Ugleck aach baare eam letzte Moment schun komme seh, un ean alle Anzelheite – wäi ean Zeitlupe – ganz genaa registriert. Un doch reagiern se so innerschiedlich. So, wäi die Geschlechter halt sei:

ER: *(metfeuhlend, met em verzerrte Gesicht)* Oauuh!
SÄI: *(lacht schallend, stockt – un säht dann, streng, laut un virwirflich)* Geje die fresch gebotzt Scheib!

Sesomezucke

Es hot immer woas ganz un goar Verstörendes fier eus Männer, wann of däi Oart zwische de Geschlechter uvermittelt eabbes offbrecht. Wäi wann eus, meatte ean de vertrauteste Verhältnisse, aus de ajen Fraa eraus schloagoartich woas völlich Fremdes ospreange deet. Eabbes Oabgründiches, aus dem eus des blanke Entsetze ostiert: »Geje die fresch gebotzt Scheib!«

Woas eas doas? Wumet hu mersch häi se dou? Eas doas afach nur unerbittlich un gefeuhlskaalt? Blitzt häi e aalt archaisch Feindschaft geje eus Geschlecht of? Zeicht sich so neat wearre däi aalt resolut Oabschätzichkeit, däi eus schun so oft erschreckt hot?

Oawwer bilde mir eus doas alles nur ean un mir hu's häi lediglich met er ganz harmlos un witzich Bemerkung se dou?

Ean dem Fall misste mer euse ajene Eandruck dann wähl fier e Ozaeche vo leichtem Verfolgungswahn hale, der sich nooch lange Ehejohrn bei eus Männer häufich braat mächt?

Wann mir eusem Gefeuhl traue kenne, dann stellt sich ean normale Eheverhältnisse allerdings kaa Eawwerempfindlichkeit vo eus Männer, sondern woas ganz annersch ean. E typisch Beziehungsstruktur zwische de Geschlechter nämlich, däi ean all ihrer Vielschichtichkeit durchaus beredt zou eus schwätzt, sofern mir e offen Uhr dofier eawwerich hu. Ean der Reaktion of den Gloasdierunfall schwätzt se z.B. aus ihrm schallende Lache, dem scheint's jedes Mitleid gejeeawwer Männer verlorngegange eas. Se schwätzt aach aus dem schloagoartiche Stimmungswechsel ean e streng Virwirflichkeit, däi eus Männer uvermittelt wearre zou Erschtklässler mächt. Un se schwätzt aus dem Verweis (zwische de Zeile) of des mütterliche Joch, woas aus ofopfernde hauswertschaftliche Versorgungsleistunge resultiert, un »vo eus Männer nie ausreichend gewürdicht werd«.

Oawwer − kenne mir eusem Gefeuhl traue, wann die Weibsleut eus doch ständich woas ganz annersch verzehle?

Eam Grond genomme stit eus ganz Geschlecht völlich verstört un irritiert vir dene Verhältnisse, un zwar schun zimlich lang. Mir Männer weasse neat mieh, woas mir glaawe solle. Anscheinend sei eus die ajene verlässliche Orientierungsgrondloache dofier verlorn gegange. Die Interpretationsmacht leit häi jedenfalls ganz offensichtlich bei de Weibsleut un werd do aach wäi sealbstverständlich beosprucht un ausgeübt.

Wer sei mir Männer eigentlich haut? − Un woarim weasse mir doas naut mieh?

I. Sealbstbesinnung

Empörung

Nadierlich seh mir Männer ean, deass mirsch met euse eawwerliwwerte Rollebilder hautsedoag neat leicht hu kenne, noochdem die erscht Hälft vom vergangene Johrhonnert so verheerend ausgefalle eas. Oawwer dodreawwer wolle mir eus neat bekloache, schließlich hot eus Geschlecht dozou sein durchaus unrühmliche Beitroag geleist un eansoweit misse mer dofier aach groadstieh.

Wann mir oawwer betroachte, woas met eusem Sealbstverständnis ean dene viele Johrzehnte denooch, bei wertschaftlichem Ofschwung, demokratischer Entwicklung un wissenschaftlichem Fortschritt bassiert eas, dann misse eus allerdings die Träne ean die Aache steije. Während die Frauenbewegung ihr Geschlecht restauriert un of Trapp gebroocht hot, kann mer doas, woas ean der Zeit met de Männerwelt bassiert eas, doch eigentlich nur noch als Verfall bezaechene. Es sei mieh oawwer winger nur noch zugiche Ruine eawwerich vo ehemols .stolze Burge un osehnliche Herrensitze. Un dobei gucke mir dem Treiwe immer noch wäi Ubeteilichte metzou, hale – wäi weggetreare – stell un leawe met em Sealbstbild, woas nur noch en Schoatte vo sich sealbst eas.

Mer muss sich wonnern, wäi lang mir doas schun eawwer eus ergieh losse, uhne so woas wäi e ›Gejereformation‹ lusgetreare se hu. Woarim losse mir eus doas alles gefalle?

Gout, mir hu ean dene langwieriche Ausenannersetzunge met de lila Fraktion, däi zwischedurch manchmol aach die Forme vo richtichem Kriech ogenomme hu, ordlich Fearren losse misse un sei mittlerweile doch ganz schie zermürbt. Eus geschrumpfte Kraftreserve sei also schun e realistisch Handikap. Es git annererseits oawwer doch im eus Haut un es eas Gefohr eam Verzug! Wann mir eus neat baald emol ofraffe un ean die Henn spucke, wern mer vielleicht irgendwann als Gejepartei goar neat mieh ernst genomme. Nooch de ›sexuell Revolution‹ un de Fortschritte ean de Gentechnologie wern ean nächster Zukunft vo de Weibsleut vielleicht nur noch e poar ›Pingstochse‹ durchgefeuret, däi fier Repräsentationszwecke, feierliche Imziech un Oftritte ean Strip-Shows gebraucht wern. Un däi poar Samenspender, of däi mer vielleicht nie ganz werd verzichte kenne, wern möglicherweise dann noch stolz of ihrn goldene Noasering sei, o dem se vo de Weibsleut spaziern gelaat wern.

Wann mer de Werbung glaawe deaff, eas eus Geschlecht joa eweil schun debei, sich zou er Klientel fier kosmetische Ogebote se entwickele. Wolle mir doas?

Somele

Aus euser Sicht eas es also hiekste Zeit, deass mer ofwache un eus drim kimmern, wuhie eus de Geschlechterzores mittlerweile gebroocht hot un wäi weit mir eus noch eans Oabseits treiwe losse wolle. Die Verantwortung dofier misse mer schun sealbst eawwerneamme.

Bevir mir eus allerdings häi ofraffe, sellte mer ubedingt defier sorje, deass mer dobei neat wearre dem ganz aale männliche Irrtum verfalle, mir kennte des geschlechtliche Sesomeleawe vo Grond of verstieh oawwer erkliern. Doas kann neat funktioniern un deshalb misse mer aach solche Ostrengunge konsequent innerlosse. – Eansoweit wern verzweifelte Zeitgenosse, däi sich vo eusem Leitfoarrem ean der Oart vielleicht Helf erwoart hu, also möglicherweise enttäuscht wern. Mir kenne doas oawwer neat ännern. Die Weltliteratur eas längst gesätticht vo de innerschiedlichste Versuche se beschreiwe, wäi's tatsächlich eas me'm Geschlechterzores oawwer woarim der eawwerhaapt existiert. Wuhie mer domet besher gerore sei, seh mer joa. Außerdem sei mirsch mittlerweile aach Laad, immer alles verstieh un erkliern se misse. Waaß de Deuwel, wäi mir Männer of den Gedanke komme, deass mir dofier zoustännich wirn. Wäi sich o de Weibsleut feststelle lesst, kann mer uhne so e Hypothek ganz offensichtlich besser serächtkomme.

Naa, mir wolle neat versuche, doas Trauerspill gründlich se analysiern, im met dem Weasse dann – nooch eawwerkommenem Sealbstverständnis – des Ruder wearre o eus se reiße, un dem ganze Hickhack endlich emol e Enn se mache. Doas sei alles naive Virstellunge, däi mir oableje misse. Vielmieh wern mer dovo ausgieh, deass mir om Geschlechterzores sealbst goar naut ännern kenne. Die Tatsach o sich misse mer wähl als eabbes Schicksalhaftes begreife un afach hieneamme.

Woas mir oawwer ännern kenne, eas eus ajen Eanstellung dozou. Doas hu mer ean de Haand. Häi kenne mir en Hewel osetze, un zwar dodurch, deass mir eus vir allem e anner Sichtweis ogewiehne. Denke mer doch emol o des Geometrische Zaechene ean de Schul sereck: E Fohnestang, däi zehe Meter lang eas un en Durchmeasser vo zehe Zentimeter hot, sieht aus de Vuchelperspektive aus wäi des Road vo em Spillzeuchauto un basst bequem of e DIN-A5-Bloat. Vo de Seit betroacht hu mer oawwer e Rächteck vir eus, woas ean kaa Wohnstubb mieh basst. Domet krieje mir vo de sealb Fohnestang also en ganz un goar annern Eandruck, wann mir nur euse Standpunkt verännern. Un ean genau der Oart wolle mir etz aach emol versuche, de Geschlechterzores aus er anner Perspektive osegucke.

Mir weasse nadierlich, deass doas ean de Praxis so afach neat eas. Es git joa neat nur im die owerflächlich Tatsach, deass Weibsleut z.B. ›des Road vo em Spillzeuchauto‹ vir Aache hu un Männer e ›Rächteck‹, während baare versuche, merrenanner eawwer e Fohnestang se schwätze. Die Geschlechter innerschaare sich joa viel däifgreifender voenaa un doas muss euse Perspektivwechsel nadierlich irgendwäi berücksichtiche. Während Weibsleut z.B. ihr fest un unerschütterlich ajen Bild vo de Welt hu un eigentlich goar kaan Grond seh, doas aach nur geringfügig relativiern se losse, mache mir Männer eus Gedanke eawwer baare Weltsichte un feuhle eus verantwortlich fier sämtliche Diskrepanze, däi aus de geschlechtsspezifische Virstellunge ständich nau entstieh. Mir maane, mir misste ean jedem anzelne Konfliktfall begreife, wäi un woarim doas so eas, härre eus drim se kimmern, deass die Weibsleut doas aach verstieh, misste eus im en Ausgleich bemeuhe usw. Un genau do leit de Hoass eam Peaffer.

Weibsleut leire neat so wäi mir Männer dodrinner, deass däi schroffe Oabgründe zwische de Geschlechter e gedeihliches Merrenanner immer wearre unmöglich mache. Däi kenne domet leawe un ›de Läiwe Gott en goure Mann sei losse‹. Nur mir Männer sei scheint's neat fähich, eus domet oabsefeanne. Mir rackern eus oab, baue eus ganz Leawe lang o woochhalsiche Brecke fier die zwischegeschlechtlich Infrastruktur, geawwe neat of, wann däi Deanger zwischdreann sesomebreache un e poar vo eus met eans Verdearwe reiße, mir plooche eus ständich vo Nauem, un traa tapfer des Risiko, beim nächste Olaaf möglicherweise alles se verliern. – Bes mer naut mieh kenne.

Wuzou?

Wann dann so e Breck tatsächlich emol feardich werd, setze säi letztlich vielleicht noch neat emol en Fouß droff, weil se ihne of amol irgendwäi zou rond eas – oawwer zou eckich. Vielleicht gefällt en aach nur die Foarb neat, weil däi groad neat zou ihre naue Schouh basst. Dann bleiwe se, wu se sei, woarte of besser Wearrer oawwer losse sich vo eus Trottel e Alternativmodell entwerfe, un erkliern sich grußzügich eanverstanne, wann mir schun emol met de Virearwede dozou ofange wolle.

Wann mir eus also e anner Sichtweis ogewiehne wolle, dann misse mir däi ganze komplizierte Verhältnisse eam Hinnergrond metbedenke. Verhältnisse, ean dene mir Männer völlich eawwerfärret sei, weil mir eus aseirich (un eansoweit völlich unierich) verantwortlich feuhle.

Wieso komme mir eigentlich neat emol of die Idee, baue se losse? Löse mer eus doch emol e bessche aus euse starre männliche Rollemoster. – Mir sellte zouseh, deass mer häi eabbes vo de Weibsleut learne.

Oabgucke

Domet stieh mir allerdings gleich om Ofang vo eusem Leitfoarrem vir em zentrale Problem. Weil mir nämlich Männer sei, kenne mir neat wäi die Weibsleut ean die Welt gucke. Mir kenne joa neat aus euser Haut eraus un doas häßt: Wann mir ugefiehr erkenne wolle, wäi Weibsleut des Sesomeleawe met eus betroachte (domet mer eus eansoweit woas oabgucke kenne), misse mir nutgedrunge of Hilfskonstruktione sereckgreife. Beispille aus annern Bereiche, däi mir analog of eus Verhältnisse eawwertraa kenne, misse eus also behelflich sei, eus e Bild se mache.

»Es git de Mensche wäi de Leut«, säht mer joa ean Mittelhessen, woas fier eus bedeure soll, deass mir emol ean die Natur gucke. Ean die Fauna, im genau se sei. Häi interessiern mir eus allerdings neat direkt fier die Geschlechtsbeziehunge inner de Viecher, do git's nämlich genauso drinner un dreawwer wäi bei de Mensche. Fier eus lohnt sich's vielmieh, en ganz annern Aspekt se betroachte. Ean de Däiernwelt erkenne mir nämlich relativ leicht, deass es ganz verschiedene Type gebt, däi sich – jeder of sei Oart – bei dem elementare Versuch eangericht hu, halbwägs gewitzt durchs Leawe se komme. Es gebt z.B. Grille un Bie. Die Bie sei fleißich un schufte de ganze Sommer durch un somele Hoink. Doas eas hukoständnich un verdäint Respekt. Of däi Oart hu se allerdings wink vom Sommer. Oarg wink, wann mersch neher betroachte. Während des Leawe schie eas un viel se bäire hot, bromme se wäi die Irre vo moejends bes owends durch ihrn Doag. Stoatt sich e bessche ean e Tulp se leje un vom Weand schaukele se losse – oawwer aach Flugkapriole se drehe un sich debei gejeseirich e bessche se besumsele –, rase se vo häi nooch do, bes des Licht ausgit. Un dann eas de Doag erim un die Woch eas vorbei – un de Sommer aach. Alles nur weje'm Hoink.

Ganz eam Gejesatz dozou zäihe sich die Grille de Sommer so richtich ausgiebich durch die Noas. De ganze läiwe lange Doag werd gefaulenzt, es werd gefreasse, woas aam zoufällich Goures ean die Henn fällt, of Halme geschaukelt, ean de

Sonn geflötzt un de Weibsleut hinnerhergesprunge. Owendelang werd Mussik gemoacht un geweass werd dobei aach aus irgendwelche Blommekelche halbvergorene Nektar gesoffe. Stress kimmt ean so em Leawe goar neat vir. Es eas immer woas lus, alles werd metgenomme, wäi's groad kimmt, un zwar ganz locker.

Grille verstieh se leawe, weil se sich ofs Betroachte un Genäiße verlegt hu. Däi weasse, woas se sich sealbst schuldich sei un doas eas genau der Dreh, der eus Männer fehlt. (Do denkt kaaner o die Riester-Rente.) Deshalb sellte aach mir versuche, e bessche entspannter, met mieh Ajendrehung sosesaa, se leawe.

Woas mir domet saa wolle: Om Beispill vo de Grille kenne mir Männer begreife, wäi mir eus eam Geschlechterzores eanrichte misse, im neat dro se verzweifele. Mir misse die Weibsleut doch neat verstieh, im hinner'n her se hebbe, wann eus groad denooch eas. Un wann mer de Geschlechterzores neat erkliern kenne, woas soll's? Woarim solle mir eus do ständich en Kopp mache. Mir misse schließlich aach zouseh, deass mir eusen Spass hu eam Leawe.

Nadierlich sei däi männliche Rollebilder, däi ean em Volk vo Dichter un Denker (met strenger Disziplin un huhe moralische Osprich) schun ewich vo Generation zou Generation weirergegeawwe woarn sei, neat leicht se verlosse. Oawwer: Hu mir dann e anner Wohl? Gucke mer eus doch emol ganz nüchtern un sealbstkritisch eam Geschlechterzores im, wu mir haut stieh. Of welche Restpositione drecke mir eus dann noch erim, noochdem die Frauenbewegung die mittelhessische Traditionsäcker im un im gezäckert hot. Woas geawwe mir dann gejewärtich fier e Bild oab?

Es bleibt eus also goar naut annerscht eawwerich. Woas däi lila Fraktion fier sich geschafft hot, wern mir etz aach fier eus mache misse. Un deshalb wolle mir eus häi erscht emol ganz aktuell betroachte, woas eam Geschlechterzores mittlerweile lus eas, domet mir endlich wearre eus ajene Virstellunge vo de Verhältnisse krieje. Mir brauche e nüchtern un verlässlich Eanschätzung, däi kaan lilane Foarbstich hot.

II. Zoum Status quo
Woas eas eigentlich lus?

Verwirrung

Es scheint irgendwäi e besonner Oart vo Verwirrung ean de Verständichung zwische de Geschlechter se stecke. Un zwar e besonnersch heimtückisch Oart vo Verwirrung. Wann's nämlich so wir, deass mer sich eawwerhaapt nie verstieh deet – außer beim Sex –, dann wir doas fier alle Beteilichte nur halb so well. Dann kennt jeder fier sich domet serächtkomme. Bei de Bärn ean Alaska funktioniert doas joa schließlich aach.

Zwische de menschliche Geschlechter eas doas oawwer, wäi jeder waaß, so groad neat. Häi verstit mer sich eawwer lange Strecke gout, sodeass mer denkt, es wir alles ean Ordnung. Un dann, met aam Schloag, eas alles wäi ausgewechselt. Wäi wann en Blitz aus em blanke Himmel ausgerachend ean den Baam eangeschloo hätt, inner dem mer ganz entspannt eam Schoatte setzt. Urplötzlich stieh am die Hoorn vom Kopp oab un die Welt eas so woas vo annerscht, deass mer ofingt, o sich sealbst se zweifele. Verwirrung eas dofier eigentlich noch en vergleichsweise schwache Begreaff.

Häi emol gleich e praktisch Beispill, domet mir bei euse Betroachtunge neat zou allgemein bleiwe:

Platzdeckchen
(Ean de Kich, des Easse eas feardich.)
ER: Soll aech de Desch decke?
SÄI: Joa, leg die Innersetzer hie, däi sei ean de eawwerscht Schubload.
ER: *(zäiht die Schublood off)* Ean de eawwerscht Schublood sei kaa Innersetzer.
SÄI: Herrjehmelich, wann mer dich schun woas häßt. Un woas eas doas häi?
ER: Doas sei doch kaa Innersetzer.

SÄI: Woas eas doas dann sonst?
ER: Ei, Platzdeckchen. Doas host du mer doch lang un braat erkliert, deass doas ›Platzdeckchen!‹ wirn un fier woas mir däi ubedingt bräuchte. Brauch aech so woas?
SÄI: (virwirflich) Herr Gott neat noch, du stellst dich o. Doas waaß doch jeder. Aech saht doch: Ean de eawwerscht Schubload.
ER: Woas waaß doch jeder?
SÄI: Ei, deass aech doas gemaant hu, wann aech saa »Innersetzer«.
ER: Es sei oawwer doch kaa Innersetzer.
SÄI: Läiwer Himmel, doas eas doch egal, doas maant doch des Sealwe.
ER: Wäi, des Sealwe? Wufier gebt's dann däi zwaa Wearter?
SÄI: Ei, deass Aner so saa kann un de Anner so. Woas e groad maant.

Wann eus Männer so woas uhne Virwarnung trefft, misse mir mindestens emol innerlich e wink me'm Kopp schüttele. Un wann mir eus sealbst dann neat als verwirrt bezaechene wolle, dann vielleicht als eawwerfärret. Jedenfalls komme mir domet neat mieh uhne weiresch serächt un sellte eus eangestieh, deass eus so e weiblich Fusselichkeit fix un feardich mache kann.

De Blähbauch
(of de Couch, virm Fearnseh)
ER: Willste e Steck Bihr?
SÄI: Naa, aech hu aach so schun en Blähbauch. (nooch 15 Sekunde) Aech hatt mer nämlich so e Poartion Sauerkraut gehällt – ean de Stoadt –, haut moejend.
ER: Du host haut moejend schun e Portion Sauerkraut gegeasse?
SÄI: Naa. Gehällt hu aech mer däi. Harr aech doch gesaht: Gehällt!
ER: Ja, un? Vom Hälle hoste etz en Blähbauch – oawwer wäi?

21

SÄI: Naa. Ei, du kapierscht aach wearre goar naut. Jeder annere hätt doas verstanne, nur du wearre neat.

Durch so woas entstit ean eus Männer e Oart vo Durchenaa (so woas wäi Schwerelosichkeit) eam Kopp, der sosesaa total eas. Wäi wann mer eus de Debbich inner de Feuß eweggezeh hätt. Un deshalb eas doas durchaus kaan harmlose Quatsch, den mir afach ignoriern kennte. Doas eas richtich gefiehrlich, woas mir gleich besser verstieh learne, wann mir den Verwirrungszoustand emol met de Schwerelosichkeit vo Astronaute vergleiche. Es gebt nämlich interessanterweise fier eus normale Mensche nur aan anziche Zoustand häi of der Ear, ean dem mir eus wäi Astronaute feuhle kenne. Doas eas de Freie Fall. Wann mir z.B. beim Quetscheblecke ean de Baamspetz oabretsche un durch die Äst nooch onne sause. Eus Gehirn registriert dann, deass nix mieh eas, wäi's schun immer un ewich woar. Absolut nix. Un doas interpretiert eus Denkorgan völlich korrekt un immer gleich: »Alarm! Alarm! Mir falle, wäi e Klavier aus'm Feanster!«

Dodraus kenne mir also schläiße, deass der Zoustand Schwerelosichkeit bei Mensche uhne Ausnohm schloagoartich Panik auslöst (eam Astronautebeispill genauso, wäi beim Storz durch de Quetschebaam) un mir deffe deshalb oneamme, deass doas ean de Blähbauch-Verwirrung of de Couch vergleichboar eas, weil aach häi schloagoartich ›nix mieh eas, wäi's schun immer un ewich woar‹, un weil eus Gehirn so woas goar neat annerscht verearwe kann.

Astronaute hu allerdings, wäi mir weasse, den Vordaal, deass se lang virher schun of so woas trainiert un eangestellt wern. Deshalb komme däi Profis dann irgendwann domet serächt. Eus normale Männer trefft der Zoustand oawwer fast immer völlich eawwerraschend. Un deshalb brechte mir fier solche Fäll eigentlich dringend e Schulungsprogramm, e Oart vo Survival-Training fier Männer. Woahrscheinlich sogoar niericher, wäi mir eus doas sealbst eangestieh wolle.

Des Besonnere om Sprit
(Eam Auto, se foahrn o er Tankstell vorbei.)

SÄI: Ans-dreißich, de Liter. Geastern hu aech erscht getankt. Aech waaß eawwerhaapt neat, woarim doas Benzin o den Tankstelle verschieden deuer eas.

ER: Wäi maansten doas?

SÄI: Eija, doas muss doch neat sei.

ER: Hmmm – wäi? Doas eas doch eam Geschäft bei Meahl un Zucker genauso.

SÄI: Joa. Oawwer aech hu gedoocht, Benzin eas Benzin, un Super eas Super.

Ouha! Schwerelosichkeit, Alarm, Gehirnpanik. Kaan Mann kimmt met so woas wirklich klar – obwähl die mierschte vo eus Doag fier Doag so dou als ob.

Tatsächlich sei mir häi all minaa extreme Forme vo Stress ausgesetzt, däi eus völlich eawwerfärren. Deshalb mache mir eus doas dann üblicherweise psychisch irgendwäi bassend un versuche, die wirkliche Bedeutunge se verdränge. Mir schwätze eus z.B. ean: »Weil musste eabbes neat richtich verstanne hu, doas kann joa goar neat sei!« un lenke eus dann oab, eandem mir vo woas annerm schwätze. Vom Wearrer z.B., woas halt groad irgendwäi basst. Vom Wearrer kann mer immer schwätze un ruck zuck hu mir doas dann alles wearre vergeasse, woas joa aach letztlich de Sinn un Zweck vo solche verzweifelte Sealbstrettungsversuche eas.

Doas leichte Gefeuhl vo Verwirrung, woas dovo immer ßcreckblcibt, un sich ean eusem Hinnerkopp hält un neat rächt oflöse will, ignoriern mir üblicherweise konsequent. Woas allerdings, wann mii doas genauer betroachte, letztlich e oarg wackelich un riskant Geschicht fier eus eas, weil se joa goar kaan ajene männliche Standpunkt erlaabt. Jederzeit kann schließlich wearre de nächste ›Blitz‹ eanschloo:

Die Wellsau
SÄI: Aech hu haut Noacht ganz schrecklich vo er gruß Wellsau getraamt, däi mich als imzingelt hot.
ER: A anzel Wellsau.
SÄI: Joa, oawwer woas fier a.
ER: Ja, wäi dann imzingelt? Doas git doch neat.
SÄI: Aech woar eam Waald met meim Auto, un däi kom als o un hot mich imzingelt. Un aech kom neat schneall genunk fort.
ER: A Sau kann aam doch neat imzingele. Däi kann sich doch aach neat eam Halbkraas ofstelle.
SÄI: *(ofgebroocht)* Doas git wähl! Wann de of so em schmoale Fealdwäg seist, un links un rächts eas eng vir lauter Gebüsch, un däi mächt als vo heanne so erim un kimmt dann vo voarne of dich zou.

Aha? – Un wearre schnappe mir Männer dann innerlich nooch Loft. ›Grußer Gott‹, denke mir vielleicht, ›wäi kann doas sei? Alleweil kann doch woas neat stimme. – Woas eas dann eigentlich haut fier e Wearrer …?‹ Un so weiter. E Lösung eas doas nadierlich neat. Mir drehe eus domet eigentlich schun ean eam Deuwelskraas un komme aus ajener Kraft kaum noch do eraus.

Manchmol feuhlt sich so e ›Kopp-Gewirrer‹ om Ofang völlig harmlos o, wann mirsch z.B. met relativ afache Forme vo Sproochverwirrung se dou hu. Es löst dann möglicherweise sogoar interessante Befindlichkeite vo leichtem Kriwwele aus, wäi nooch em Gloas goure schottische Whiskey (Single Malt). So e ganz zoart Kearzele eam Kopp.

Antwort geawwe
(während de Noochrichte)
SÄI: Du musst mir aach Antwort geawwe, wann aech woas saa. Aech geawwe dir joa aach mierschtens immer Antwort.
ER: Joa.

Alles, woas rächt eas. So woas eas doch klasse – oawwer? »... aach mierschtens immer ...« E zimlich kriwwelich Beschreiwung. Doas hot doch woas. Oawwer aach wäi häi:

Des Keuhche
(beim Enausgucke)
SÄI: Moarn gieh aech emol do enoab, bei däi Waar. Aech will emol seh, ob aech doas klaane schwoarze Keuhche fotografiern kann. Doas goldiche, waaßte, woas mer neulich geseh hu. Doas eas joa goar se niedlich.
ER: Woarim sähst du dann Keuhche un neat Kälbche?
SÄI: *(denkt nooch)* Ei, weil ich erscht Gäulche saa wollt, un es woar joa kaan Gaul. Do doocht aech, doas woar doch e Kouh. – So kom doas.

Ja, so kom doas! Eas doch ganz afach. »Deass mer immer alles erkliern muss. Wäi wann mer neat aach ›afach so‹ verstieh kennt, uhne alles erkliert se krieje. Mannsleut kenne neat emol locker un entspannt met Begreaffe imgieh, afach irgendwäi e bessche gefeuhlsmäßicher. Kenne däi neat. Es muss immer alles ganz penibel, of de Millimeter ganaa, gesaht wern. Wäi wann mer naut annerscht se dou hätt ...«

Krafaamse – en fresch geschöpfte Begreaff
(virm Fernseh: Säi knubbelt ihm erscht om Uhr erim, kearzelt en dann o de Noasespetz, hält ihrn Damme oabschätzend neawich sein usw. Es eas ihr scheint's langweilich. Se will vielleicht ›gekimmert‹ wern.)
ER: Woas mächst du dann als?
SÄI: *(schneall un schloagfeardich)* Krafaamse.
ER: Woas?
SÄI: *(wäi wann doas jeder verstieh misst)* Kra-faam-se!
ER: Ja, woas eas'n doas?
SÄI: Oach – halt soo un soo *(fuchtelt ean de Loft erim)*, doas verstit mer doch, wann mer so woas säht.

Do hu mersch. Es scheint so se sei, deass Weibsleut direkt verstanne wern wolle un neat erscht eawwer den Imwäg ›Sprooch‹. Mir Männer solle se ›afach so‹ verstieh, un zwar richtich. Neat nur nooch den poar Wearter, däi se mieh oawwer winger zoufällich benotze. Se weigern sich deshalb inner Imstenn kategorisch, of irgendwelche Feinheite oawwer Genauichkeite eam Ausdruck se oachte.

Erschrocke
(owends speet)
SÄI: Aech woar eawwe ganz schie erschreckt, wäi du haamkomst un so blass woarscht.
ER: ›Erschrocke‹. Vo dem Woart gebt's zwo Forme. Passiv: Ich erschrecke vir dir, ich woar vir dir erschrocke. Aktiv: Ich erschrecke dich, ich hu dich erschreckt.
SÄI: *(lümmelhaft)* Ei, vo mir aus: Dann hast du mich erscht erschreckt un dann harr aech mich erschreckt.

No bitte! Oawwer es sei neat nur die Feinheite, aach die Begreaffe o sich, sosesaa die Eckstaa vom sproochliche Mauerwerk, kenne de Weibsleut als neawesächlich virkomme. Wäi eabbes, woas mir Männer erfonne hu, un im doas mer »schun allaa deshalb neat so viel Geschess mache sellt. Wichtich eas schließlich woas ganz annersch.«

Koppschmearze
(Se leije moejends eam Bett, kuschele, döse un blinzele ean en niwweliche Doag. Er streichelt ihr de Reck. Säi fingt of amol o, ihm eandringlich die Stirn se massiern.)
ER: *(Se sei schun lang verheuroat.)* No, hoste e bessche Koppschmearze?
SÄI: *(erstaunt)* Du aach, oawwer woas?
ER: Naa, aech neat.
SÄI: Wuher waaßt du dann, deass aech Koppschmearze hu?
ER: Weil du mer mei Stirn so massierscht.
SÄI: *(seufzt ganz däif un sefriere)* Haach, du seist mein Schatz.

So wolle se verstanne wern. Se wolle neat erscht lang nooch Wearter un Begreaffe suche un saa misse: »Aech hu Koppschmearze ...«, sondern se wolle »ganzheitlich wahrgenomme« wern vo ihrm Mann un gleich die Stirn massiert krieje. Wann's gout läft, solle mir sogoar ahne, woas se hu, bevir se sealbst die Aache offgemoacht hu. – So ugefiehr misste mir eus doas vielleicht virstelle. Un dann wir des Leawe ganz afach un viel schiener un mer brecht sich neat lang Gedanke se mache, wäi's aam git, ob mer vielleicht Koppschmearze hot un wäi däi Stell häßt, o der mer de läibst massiert wern deet.

Bes häiher hu mir met euse Betroachtunge freilich noch lang kaan feste Grond erreicht. Die Verwirrunge raeche noch viel däifer. Ean de Kommunikationstheorie werd joa neat nur gesendet (also geschwätzt, gestikuliert usw.). Es werd nadierlich aach empfange un antennemäßich ofgenomme (also geheart usw.), un häi verfüche Weibsleut eawwer ganz außergewöhnliche Fähichkeite. Ihr Wahrnehmungsapperoat kann alles, woas o Informatione eangit, automatisch un blitzschneall filtern, un zwar nooch dem alles bestimmende Kriterium, woas säi gern hearn wolle un woas neat.

Eansoweit kimmt dann wirklich nur noch doas ean ihrm Gehirn o, woas se groad eam Moment emotional gebrauche kenne oawwer woas ihr geschlechtsspezifische Virahnunge relativ sicher erwoarte losse.

Moejends freuh

(Se setze isw zehe vir sechs schun om Freuhstecksdesch, weil se of die Earwed misse. Des Radio spillt. Er mächt sich Gedanke, deass doas sei Leawe eas und deass em däi Freuhstecksze it eam Grond doch oarg geje de Strich git:)

ER: Do setzt mer moejends im zehe vir sechs schun gewäsche un gekämmt do. Doas musste dir emol eawwerleje.

SÄI: Doas deaffst du neat.

ER: *(weil e merkt, deass säi schun wearre woas ganz annersch verstanne hot)* Woas hoste dann alleweil wearre verstanne?

SÄI: Du host gesaht: Woas aech vo mei'm Kaffie neat mieh treanke, scherr aech bei die Blomme.

Heilicher Struhsack! Fier normale mittelhessische Männer eas so woas ganz geweass e Nummer se gruß. Es scheint häi im völlich naue Möglichkeite ean de Antennetechnik se gieh, im phänomenale weibliche Hearr-Fähichkeite, däi mir Männer grondsätzlich fier unmöglich hale.

Weibsleut verstieh woahrscheinlich goar neat, wäi mir immer glaawe, häi un do eabbes falsch, weil woas ähnlich oawwer verwandt klingt. Na, se komme offensichtlich uhne jeden Bezug zoum Gesahte aus und kenne afach ganz frei verstieh, woas se groad wolle. Wann mer däi zwie Sätz owe emol vergleicht, sieht mer doas. En weibliche Wahrnehmungsapperoat muss eawwer Filter- un Ergänzungstechnike verfüche, däi eam eigentliche Woartsinn phantastisch sei.

Vielleicht kenne se sogoar ganze Sätz verstieh, wann mir nur a anzel Woart gesaht hu. Mir saa z.B.: »Kearle, Kearle«, un säi verstieh: »Doas rure Klaad gefällt mer neat. Aech maane als, du seechst zou dick do dreann aus.«

Un wann mer schun emol so weit sei, dann misse mer letztlich aach eankalkuliern, deass se's inner Imstenn sogoar feardichbrenge, grissere un sesomehängende Betroachtunge se verstieh, wann mir goar naut gesaht hu. Doas eas noch nie innersucht woarn, weil mir Männer vo eus aus besher kaan Grond harre, so woas eawwerhaapt fier möglich se hale.

Sei's drim. Mir kenne eus domet eam Moment neat weirer beschäftiche un misse den Gedanke häi erscht emol wearre foahrn losse.

Emotionale Osprich

Zougegeawwe, om Schluss woarn eus Eawwerlejunge e bessche spekulativ. Oawwer woas bleibt eus eam Moment annerscht eawwerich, bei deroart verwirrende Verhältnisse. Mir seh dodraus, wäi wichtich es fier eus Männer eas, vernünftiche Theorieje un Hypothese se entwickele, o dene mir kontrolliert entlangdenke kenne. Je länger un genauer mir etz nämlich hiegucke, desto komplizierter werd eus de Geschlechterzores virkomme.

Die empfindliche Naturn inner eus, däi nur eawwer e dinn Nervekostüm verfüche, sellte sich deshalb emol eawwerleje, ob se neat läiwer häi met dem Lease afach ofhiern un des Buch wearre zoumache wolle. Sicher eas sicher. Soweit se sich dozou neat rächt durchringe kenne, weil se zou neuschierich sei, rore mer wenigstens dezou, ean klennere Oabschnitte weirerselease, un immer emol e Pause zwischedurch eanleje.

Mir annern deffe eus eansoweit allerdings nix ersparn, weil hinner den ganze Verständichungsprobleme hiekst komplexe weibliche Gefeuhlszoustenn stecke, däi zwar fier eus Männer kaum je zougänglich sei, däi sich oawwer gleichwähl schicksalhaft of eus auswirke. Es hannelt sich sosesaa im diffuse, oawwer gleichwähl stearke Erwoartungshaltunge, däi möglicherweise so woas wäi die eigentlich Triebfearrer, mir kennte aach saa, des ›hamliche Schwungroad‹ ausmache, woas den ganze Kommunikationswirrwarr zwische de Geschlechter om Laafe hält.

Of däi Verhältnisse misse mer eus mental eanstelle, ugefiehr so, wäi mir doas bei de Grille weirer owe virbildlich erkenne konnte. E rejelrächt Zwickmehl, e Machtsituation met em gefiehrliche Spannungspotential, entstit nämlich dodurch, deass Weibsleut of de a Seit zwar instinktiv ganz genaa spiern, deass mir Männer doas met dene emotionale Osprich un ihrer Funktion als ›Schwungroad‹ hinner dem ganze Zirkus besher neat richtich entdeckt hu un eansoweit aach neat ausreichend verstieh kenne. (Genaagenomme verstieh se sich joa ean dem Punkt sealbst neat). Of de anner

Seit kenne se oawwer – sosesaa aus ihre Befindlichkeite eraus – neat droff verzichte, sealbst ubedingt verstanne wern se misse. Un doas hot – wäi gesaht – nix met Verstand se dou, sondern met elementare Gefeuhlszoustenn.

Mir begreife doas oawwer woahrscheinlich neat, während mir dreawwer theoretisiern un wern eus deshalb wearre e praktische Beispille ogucke misse.

So seist du!
(Se sei alle zwaa meud un gieh sicher gleich eans Bett.)
SÄI: Merk der emol: halb siwwe.
ER: Joa.
SÄI: Ja, merk dersch aach wirklich. Neat, deass de's noochher naut mieh waaßt. Schreib dersch of, demet de's neat wearre vergesst.
ER: Dann schreib dersch doch sealbst of.
SÄI: *(empört)* So seist du nämlich. Wann aech dich amol bitte, dir woas met se merke, dann sähst du gleich: Schreib dersch doch sealbst of. Un woas dou aech neat all fier dich. Wann aech aach so wir wäi du …

Da. – Mir misse eus o so er Stell ubedingt verkneife, dodroff noch eabbes se antworte wäi z.B.: »Doas wir allerdings e Katastroph.« Egal wäi ihr Virwurf »Wann aech aach so wir wäi du…« gedoocht eas, so e strack Antwort deet säi of jeden Fall ean ihre emotionale Osprich verletze. Vom Verstand her härre mir nadierlich Rächt met so em Hinweis, oawwer dodrim git's häi neat. Rächt se hu, eas eam Geschlechterzores woahrscheinlich des Verkiehrteste, woas mir mache kenne. Un deshalb deffe mir aach neat saa, deass doas eigentlich alles Unsinn eas, woas säi sich do serächtreimt, weil aach doas wearre ganz unsensibel o ihre emotionale Bedürfnisse vorbeigeng un däi misse etz irgendwäi beoacht wern. – Ubedingt! Dodrim git's.

Irgendwoas Belangloses muss eus also als Antwort eanfalle, woas e bessche oablenkt un versöhnlich klingt, wäi z.B.:

»Oaach, etz sei doch neat gleich so.« En Satz, der zwar rational neat viel hergebt – genauer gesaht, goar naut –, der oawwer emotional meatte eans Schwoarze trefft un säi eansoweit erreicht. Wann eus so woas neat eanfällt, sieht's schlächt aus. Dann eas nooch e poar Minute Stellschweije inner Imstenn die nächst Eskalationsstufe dro:

SÄI: Wann de so weirermächst, schwätz aech eawwerhaapt nix mieh met dir.
ER: Un wäi willste dann met mir kommuniziern? Eawwer E-Mail oawwer eawwerhaapt neat?
SÄI: Ja, baares. Eawwer E-Mail un eawwerhaapt neat.

Do hu mersch. Wäi mir seh, git's häi ganz schneall im die Wurscht un wann mer neat oachtbasse, stieh mir nooch solche kurze Dialoge of amol meatte eam Nix. Ean de Beziehungs-Weustenei sosesaa. Un dann kann's bassiern, deass sich so e Fraa wearre fürchterlich erschreckt dodreawwer, wu se etz of amol hiegerore eas. Manche neige dann dezou, panisch se reagiern, un afach alle Register se zäihe. Se gerore dann sosesaa innerlich ganz aus de Fuche, reiße nervös die weiblich Trickkist off un greife bleand nooch dem Erschtbeste, woas se se packe krieje:

Oach, naut ...
(beim Ofstieh vo de Couch)
SÄI: Aua, auaah!
ER: Woas eas dann?
SÄI: Oach, naut, aech hu nur groad e wink scheapp geseasse, do eas mer de Backe eangeschloofe. Aech muss nur emol e wink johmern. Beoacht mich goar neat ...

Wäi gesaht: Es git im komplexe Gefeuhlszoustenn. Se verstieh gebt's häi naut fier eus. Es gebt hiekstens woas se feuhle. Un deshalb gebt's aach nix se erkliern un mir brauch also aach neat imständlich noochsefreeje. So funktioniert doas neat. Wann mir Männer doas doch nur emol eanseh kennte.

E praktisch Lösung fier eus leit dobei viel neher, wäi mir denke: Oablenkung. (Aach wann doas eigentlich mieh ean des nächste Kapitel vo eusem Leitfoarrem gehearn deet.) Oablenkung wirkt erschtklassich un klappt fast immer. – Mächt mer doch bei klaane Keann aach.

Woas woar dann doas?
(Se setze wearre of de Couch, er schreckt gekonnt sesome un richt sich of.)
ER: Haste doas eweil geheart?
SÄI: Woas?
ER: Sei emol stell *(un fingt o, ihr – während se luhrt – ganz leicht eawwer de Reck se streichele)*
SÄI: Aech hearn naut.
ER: Do woar doch woas. *(un streichelt leis weirer)*

Wann's draußen dann noch raant oawwer eam Weanter so richtich kaalt eas, dann woarsch doas mierschtens schun. Doas wirkt of des Unbewusste vo de Weibsleut. Däi feuhle sich nämlich ean so Situatione verstärkt schutzbedürftich. Es dauert dann neat mieh lang un säi säht: »Aech hearn zwar als noch naut, oawwer mach rouhich weirer.« Oawwer se säht: »Kratz mich emol do. Mich juckt's zwar e bessche weirer onne, oawwer wann du schun groad emol do seist, dann eas doas aach neat schlächt.«

Egal. Jedenfalls hot dann des Oablenkungsmannöver schun sein Zweck erfüllt.

Un ansonsten eas doas met dene emotionale Osprich nadierlich so, wäi mir doas schun festgestellt harre: Se solle vo eus aach emotional ofgefasst wern. Doas häßt, mir solle – wann woas geschwätzt werd – nooch de Töne zwische de Wearter ›feuhle‹, weil mir eigentlich neat eam Text sealbst hearn, sondern mieh zwische de Zeile irgendwäi spiern solle, woas oleit. Die Wearter un de Satzbau o sich kenne nämlich

uhne weiresch des genaue Gejedaal vo dem ausdrecke, woas
der Gefeuhlsschmoacht zwischedreann vermittele will. Wann
säi z.B. emol o em Owend met ihrm Gymnastikverein zwie
Grappa seviel getrunke hatt un om nächste Moejend (e bess-
che groo eam Gesicht un leidend) des Bett heut, dann kann
sich doas z.B. so ohearn:

Kamilletee

ER: Willste woas easse?
SÄI: *(mächt e beschwörend Haandbewejung un säht ganz leis:)*
Naaaa...!
ER: Soll aech der en Tee mache?
SÄI: *(fast uhne Steamm)* Aaach neat, naanaa ...
ER: *(schun geübt ean so Sache)* No, vielleicht doch? Wann e nur
links erim gereuert wern deet?
SÄI: *(nooch em Aachebleck Schweije, ganz folgsam un bescheiden)* Joa.
ER: Woas dann fier aan, Kamille?
SÄI: *(nur noch gehaucht)* Der misst oawwer dann ganz dinn sei.

No, also. So solle mir erfeuhle un verstieh. Dann git's. —
Mir deffe eus häi allerdings neat zou freuh ean Sicherheit
wähne un glaawe, of däi Oart kennte mer des Verständi-
chungschaos inner Kontrolle krieje.

Die Schnoak

*(Es eas Sommer, noachts im drei Uner, se lelje eam Bett un harre schun
fest geschloofe. Säi stompt ihn of amol ganz leicht ean die Seit. So leicht,
deass he kaum devo wach werd.)*
ER: *(eas sich neat sicher, ob e nur getraamt hot)* Hast du mich eweil
gestompt?
SÄI: *(virwirflich)* Eija!
ER: Woas eas'n?
SÄI: Ei, es eas e Schnoak o mir.
ER: *(völlich irritiert)* Ja — un wäi soll aech doas weasse?
SÄI: Ei, ich wollt doch neat schwätze.

ER: Wäi? – ich wollt neat schwätze.
SÄI: Ei ich hatt gedoocht, wann ich schwätze, dann fläiht se joa wearre fort. Deshalb hu ich dich nur ganz leicht ogestompt.
ER: *(verstit wearre naut)* Un wäi kennt ich dobei verstieh, deass e Schnoak o dir eas?
SÄI: Ei, doas muss mer doch verstieh.
ER: Joa, geweass: Doas muss mer doch verstieh. Oawwer wäi halt? Wäi kennt doas dann funktioniern, deass aech doas verstieh, wann du naut schwätzt?
SÄI: *(ärjerlich)* Ei, doas waaß ich doch neat.

Ja, so eas doas halt. Mir Männer sei afach viel zou dickfeallich. Groad weil klar eas, deass es goar naut se verstieh geawwe kann, wann noachts im Auere drei nur leicht gestompt un nix geschwätzt werd. Dann misse mir eawwe feuhle woas säi will. Afach nur spiern, deass e Schnoak do eas un se wegfange. De best, bevir doas Oos säi eawwerhaapt erscht richtich wach gemoacht hot. Uhne des Licht osemache – nadierlich. Un uhne woas se schwätze.

Wann mir eus häi emol eawwer den universale Geltungs- un Wirkungsbereich vo solche emotionale Osprich Gedanke mache, krieje mir aach langsam e Ahnung dovo, woarim Weibsleut sich vo ihre Männer neat gern belihrn losse. Doas hängt domet sesome, deass vernünftiche Argumente neat immer zou ihre emotionale Befindlichkeite basse. Un weil doas en Konflikt eas, met dem se sich ganz un goar neat ausenaasetze wolle, verdänge se die Schoatteseire vo ihre Gefeuhlswelte. Domet krieje se den (konfliktfreie) Eandruck, säi wesste afach nur besser Beschaad.

Es eas zwar neat so, deass se deshalb fest dovo eawwerzeucht wirn, se wesste alles. Irgendwäi hu se schun e leis Ahnung dovo, deass doas möglicherweise neat ganz so sei kann. Se denke oawwer doch grondsätzlich, deass mir Männer of kaan Fall besser weasse, wäi's eas of de Welt. Un doas läft joa doch wearre droff enaus, deass eam Zweifelsfall äier säi Beschaad weasse. Also – ›fast mierschtens immer‹.

Om Beispill vom Fearnsehkonsum kenne mir eus dozou einiches erschläiße. Es deut nämlich zwar vieles droff hie, deass es ean de Menschheitsgeschichte noch nie e Verblödungsinstrument met so em Wirkungsgroad gegeawwe hot, wäi des Fearnseh. Doas seh Weibsleut, abstrakt betroacht, aach so. Woas doas Argument oawwer fier ihr alltägliche emotionale Bedürfnisse bedeut, dodroff losse se sich neat gern oschwätze.

Mord

(Ean aner vo dene Krimisendunge, däi Doag fier Doag noch vir de Tagesschau komme, werd wearre emol de reiche Erbonkel erschosse un der Mörder eas wearre de Gärtner, der zwar kaa Verhältnis met de Sowieso hatt oawwer gern gehoat hätt usw.)

ER: Also, doas eas doch wirklich goar se blöd. Immer de gleiche verschrowene Kitsch, der nix met Vernunft oawwer Erfahrung se dou hot.

SÄI: Hal mer kaa Virträg. Wann de kaa Lost host se gucke, dann gieh doch ean de Goarde.

Gefeuhlsmäßich häßt doas (fier den Fall, deass mir de ›Schmoacht‹ häi richtich offasse), »versuch neat als, mich se belihrn. Aech waaß schun, wäi's richtich eas.« – Domet eas doas Verblödungsproblem zwar völlich ausgeblendt, rein textlich enthält ihr Antwort allerdings en Virschloag, der den häi drohende Beziehungskonflikt ganz praktisch rejele kennt, un zwar eam Sinn vo friedlicher Koexistenz. Also: Wann de tägliche Krimi kimmt, dann deaff he sich eam Goarde ofhale, während säi of de Couch setzt.

Greift er doas oawwer of, weil e so e Konfliktvermeidung fier vernünftich hält, dann kimmt e domet aach neat weit. Der Virschloag gelt nämlich nur fier de Moment. Weil se sich etz groad so feuhlt. Se kann doas nadierlich neat immer gebrauche. So emotionale Bedürfnisse wechsele joa schließlich aach. Om nächste Doag kann doas schun wearre ganz annerscht ausseh.

35

Dutschloag
(Fearnsehbedingunge wäi geastern; he säht naut, stit of un will gieh.)
SÄI: Wu willst du hie?!
ER: Doas kann aech mer neat lang odou, aech gieh ean Goarde.
SÄI: Du kannst noch neat emol e wink bei mer setze. Als rennste fort.
ER: Ja, glaabst du, deass dir doas gout dout, wann als so en geistiche Dinnscheass of dich eanrieselt? Doas eas genauso schädlich, wäi wann de moejends, mittoags un owends fette Haspelchen met Pommes esst.
SÄI: Hal mer kaa Virträg!

So oawwer so ähnlich kenne all eus Versuche, säi eawwer die Uvernunft vo ihrm Fernsehkonsum se belihrn, zou de nächst Runde of dem immer gleiche Karussell führn, weil se e ganz deutlich Gefeuhl hot, deass se doas Fernsehgucke afach brauch. Un dogeje kann se woahrscheinlich sealbst naut mache – oawwer saa – oawwer denke. Dofir eas doas Gefeuhl zou steark un »so e Gefeuhl täuscht sich joa schließlich neat. Doas waaß schun, wäi's richtich eas.« Un wann mir ihr dobei of die Nerve gieh, dann solle mir eus ean de Goarde mache un wann se sich beim Gucke olehne will, solle mir gefällichst neat ofstieh un fortrenne. (»Erscht rächt neat met so em betonte Schweije, aus dem mer joa doch e Oabfällichkeit deutlich eraushearn kann.«)

Ihr emotionale Bedürftichkeits-Zoustenn sei dobei so eawwermächtich, deass alles Annere deneawich verblasse muss. Solche Zoustenn fülle Weibsleut seelisch ganz un goar aus. So vollstännich, deass fier en störende Belehrungsversuch of kaan Fall mieh Platz sei kann.

Werbepause
(Se setze wearre beim Krimi. Desmol hot er oawwer tapfer ausgehale un hot aach neat vo owe eroab geschwieje. Dann, ean de erscht Werbepause:)

ER: So, weil kimmt Werbung. Willste etz emol zwischedurch en Kurzvirtroag hearn?
SÄI: Wann de feardich seist, wann's wearre ofingt? Verzehl mer woas.

Doas häßt gefeuhlsmäßich ugefiehr: »Als Pausefeller wir doas vielleicht neat schlächt, wann's mich neat zou oarg ean meim Fernsehgefeuhl störn deet. Mer wolle emol seh.« Se git also völlich eam Konsum of, während se ihre emotionale Befindlichkeite noochhängt, un eas dobei irgendwäi ganz weg. Wäi wann se ean e Oart Parallel-Welt weggesackt wir. Manche Weibsleut brenge's domet so weit, deass se de Bezug zou de Wirklichkeit völlich verliern. Wann se sich emol richtich do eneanngeschafft hu, sei se fier eus quasi kaum noch se erreiche.

Fußball-Europameisterschaft

(Die EM hot groad ogefange. Irgendaan chancenlose Außenseiter eas de Gegner vo Deutschland. ›Mir‹ spille eigentlich mieseroawel, oawwer ihrer Begeisterung dout doas kaan Oabbruch.)
SÄI: *(springt noch während de erscht Halbzeit of un git reckwärts nooch de Dier)* Aech muss emol ofs Klo. Bass emol so lang oacht!
ER: Wäi, bass oacht?
SÄI: Ei, deass naut bassiert, solang aech drauße sei.

Es eas wirkllch sensationell, ean welch verschiedene Welte (direkt neawichenaa) Mann un Fraa leawe kenne, während mer – vo auße betroacht – dobei woahrscheinlich de Eandruck hot, se wirn sich eawwer ihr Verhältnisse halbwägs anich.

Philosophisches

Wann mir eus doas alles etz emol met e bessche Oabstand betroachte, kann's eus richtich interessant virkomme, deass Weibsleut bei dem ganze Durchenaa, den se ean der Oart

37

ständich im sich erim produziern, neat irgendwäi vo sich sealbst irritiert wern oawwer eans Zweifele gerore. Skeptische Neigunge scheine ean ihre emotionale Verhältnisse völlich se fehle. Eam Gejedaal, se behale ihr Begeisterung fier des Phantastische imso fester bei, je mieh Widrichkeite ihne die Realität Doag fier Doag entgejewirft un vermische Tatsache met Spekulatione, hoarte Fakte met schwindeliche Osichte usw. Völlich qualitätsunoabhängich un uhne Skrupel.

Es scheint also wirklich so se sei, deass se sich mierschtens ean er ganz ajen Welt ofhale. Oawwer besser gesaht: Weibsleut scheine ihr ganz ajen Philosophie vo sich un de Welt se hu. Allerdings uhne deass se den Begreaff ›Philosophie‹ vo sich aus dofier gebrauche deere. Doas Woart verbeanne se met Verhältnisse, däi se fier männlich dominiert un deshalb aach fier indiskutabel hale. Völlich unbrauchboar, im demet eam richtiche Leawe irgendwoas Sinnvolles ofange se kenne. Un dodro leit's joa letztlich aach, woarim die Geschlechter neat sesome (also merrenaa, eam gejeseiriche Austausch) philosophiern. Se kenne sich neat ean em entsprechende Dialog begane, weil se ean Parallelwelte leawe, däi kaum (wäi mer haut säht) kompatibel sei.

So eas doas

(Se setze beim Freuhsteck, wearkdoags, kurz vir halb sechs. He hot kaa Lost, of die Earwed se gieh.)

Er: *(ganz noochdenklich)* Etz guck emol, so eas doas. Do strampelt mer sich sei Leawe lang oab un of amol merkt mer, deass es so gout wäi vorbei eas – des Leawe. Un ruckzuck stit aner allaa do.

Säi: *(e bessche däifsinnich)* Joajoa, so eas doas. En schreckliche Gedanke. *(grübelnd)* Wann dann emol aner vo eus zwaa stirbt, dann zäih aech glaaw' ich wearre nooch Wetzler.

Also – mir misse eus häi nadierlich eawwer die Fakte klar sei. Do brauche mer kaa ajene komplizierte Woahrscheinlichkeitsreachnunge osestelle, die Statistik eas eindeutich. Se wern eus eawwerleawe. Oawwer doas eas wearre e Thema fier sich.

Mir woarn noch bei dem besonnere Problem vo philosophische Dialoge un doas Gespräch git joa noch weirer:

ER: Also, so woas! Doas woar doch etz wearre typisch Fraa. Do kann mer doch emol seh, woas so e Weibsmensch merrem ganz kurze Boche aus em philosophische Problem mache kann.

SÄI: Joajoa, ›Philosophie‹ – moejends so freuh. Wer brauch dann so woas eawwerhaapt?

ER: *(immer noch ernsthaft bemeuht)* De Mensch gelt doch als Homo sapiens, wäi mer säht. Un der brauch schließlich Antworte of sei Frooche.

SÄI: Joajoa, of die Frooch: ›Woas gebt's 'n haut se easse?‹!

Ean solche Momente kenne mir Männer eus nur schmerzlich dro erinnern, deass zou Zeire vo Goethe (der joa en halwe Mittelhesse woar) des Gretche zoum Faust noch saa konnt:

Du läiwer Gott, woas so en Mann
neat alles, alles denke kann!

Deshalb fällt's eus aach so schwier eansegestieh, deass mir geje ugeschloachte weibliche Owirf eam Grond völlich machtlos sei un letztlich aushale misse, wäi fremd sich die Geschlechterwelte gejeeawwerstieh.

Wubei die Unmöglichkeit vo Verständichung häi aach domet se dou hot, deass Weibsleut ihr Sicht vo de Welt insgeheim fier die anzich Perspektive hale, eawwer däi sich's eawwerhaapt se schwätze lohnt. Se sei deshalb ean ernsthafte Gespräche met Männer mierschtens nur halb bei de Sach (oawwer eigentlich goar neat) un gieh dann aach met Argumente im, wäi met Priejel, däi se zoufällich ean die Henn krieje. Mol schmeiße se aam däi beiläufich zwische die Baa; mol werfe se se weit fort, wäi wann mer en Hond wir, der dehinner her renne deet; e anner mol haache se domet ganz ugewäsche zou; manchmol kenne se aach nur nix demet ofange un losse se groad wearre falle, wu se se zoufällich gefonne hu. Des Letztere vir allem dann, wann se ihne neat gleich bekannt un vertaut, sondern irgendwäi gefeuhlsmäßich e bessche fremd virkomme.

Of däi Oart kann immer nur doas bei er Diskussion erauskomme, woas säi virher schun gewusst hu. Un eansoweit sei se met sich un de Welt eigentlich eam Reine un feuhle sich ›gewäsche un gekämmt‹. E Fraa deet dozou hiekstens noch verwonnert freeje: »Ja, woas dann aach sonst?«

Monolog
(während se de Desch oabrammt)
SÄI: Verzehl mer naut vo Philosophie. Wäi wann so die Welt funktioniern deet. Dovo eas noch kaaner om Leawe gebleawwe. Mir Weibsleut misse ach joa immer en Schritt viraus sei, ean dem, woas ihr wollt. Un dobei deffe mer ach doas noch neat emol saa. Sonst reißt mer ach joa gleich ean die däifste Depressione. Wann du emol, ean er stell Stonn, wann de ausgegleache seist, dodreawwer noochdenkst, werscht'e seh, deass aech Rächt hu. Wann Weibsleut so denke deere wäi ihr, dann häst du noch e Feall imhenke. – Naa: Mir wirn schun all ausgestoarwe. Ihr, metsamt eus.

Kaum se glaawe – oawwer? Jedenfalls kann mer so woas ›feste Osichte‹ nenne. Stabile Weltbilder, däi neat links un neat rächts se gucke brauche, weils kaan Grond dofier gebt. Oawwer mir deffe eansoweit neat den typische männliche Fehler mache un denke, doas wir ignorant oawwer engstirnich. Doas eas afach nur – annerscht.

De Zucker
(He guckt schun geraume Zeit ean de Kicheschrank, weil e sich e wink Zucker ean de Kaffi dou will.)
ER: Saa mol, aech feanne de Zucker neat.

SÄI: Dann wearre all sei. *(un git on Schrank un guckt un fingt o se ramme)*
ER: Wäi, all?
SÄI: *(guckt alles durch)* Mir hu Vanillezucker, Zimt, Biehoink ...
ER: Ich suche nur e bessche Zucker fier'n Kaffi.
SÄI: *(leicht vo owe eroab)* Will he alles neat. Do eas mer dann wearre penibel. De Schrank eas breachend voll un etz muss es ausgereachend Zucker sei.
ER: Es werd doch e bessche Zucker eam Haus sei.
SÄI: *(ofbrausend)* Du stellst mich groad so hie, wäi wann aech neat alles Mögliche dehaam hätt. De Schrank eas doch breachend voll, woas willste dann als?
ER: *(beschwichtigend)* Joa, eas joa gout. Dann geab en doch afach her.
SÄI: Du als met deim Zucker. Wuzou brauchste den dann ubedingt? Zucker eas goar neat gesond ...

Mir seh eus häi (wann mir nur emol ganz rouhich un vernünftich fier eus allaa weirerdenke) unvermittelt met der Frooch konfrontiert, woarim eawwerhaapt als noch – un immer, immer wearre vo Nauem – Verständichungsversuche zwische de Geschlechter innernomme wern. Hu mersch häi neat met woas völlich Aussichtslosem se dou? Doas eas doch eigentlich so, wäi wann sich zwaa Leut gejeseirich ean eam riesengruße Urwaald suche deere. Nur deass aner dobei ean Afrika innerwägs eas un de anner ean Südamerika.

Eawwerstonn
ER: Aech kann de Freidoag neat freimache, aach wann dei Motter ihrn 80. Geburtsdoag feiert. Du waaßt doch, deass ich erscht die Earwedsstell gewechselt hu.
SÄI: Joajoa. Du willst nur neat.
ER: Ei sei doch emol vernünftich, woas soll aech dann mache? Soll aech mer Eawwerstonne-Frei neamme vo Eawwerstonn, däi aech noch goar neat gemoacht hu?
SÄI: Eija, däi häste dann schun emol gout eweg.

Aahja! – Es brauch sich wirklich niemetz eawwer fehlende Hinweise se bekloache.

Mir wolle allerdings objektiv bleiwe un durchaus bedenke, deass inner dem ganze zwischegeschlechtliche Irrwitz aach e anthropologisch Grondproblem se existiern scheint. Es sei joa aach innerhalb vo de Geschlechter schun ähnliche gruße Fremdheite festgestellt woarn. Wäi z.B. Alexander der Große domols vir dem Diogenes gestanne hatt, der faul of de Ear läg, harre sich joa (als domols woahrscheinlich mächtichster Mann vo de ganz Welt) dem Philosoph un Hippie persönlich virgestellt un gefreegt, ob he neat en Wunsch o ihn hätt, den er, de gruße Feldherr, ihm etz erfülle kennt, wann e dann schun groad emol häi vir ihm stenn. Un de Diogenes hatt gesaht: »Joa, hu aech. Gieh emol en Schritt of Seit. Du stisst mer ean de Sonn.« Aach inner eus Männer trefft mer also metinner of verschiedene Welte, däi kaum kompatibel sei.

Fier dem Hinnergrond stieh mir als Betroachter etz nadierlich imso betroffener erim un weasse neat, ob mer lache oawwer heule solle. Mir spiern ganz genaa, wäi sich domet automatisch die Frooch verbindt, ob doas neat zwische de Mensche prinzipiell so ogelegt sei kennt. – Woarim gieh mir eigentlich wäi sealbstverständlich dovo aus, deass Mensche sich wirklich verstieh?

Es gebt aach eam Computerzeitaaler kaa Leut, däi o irgendwelche Laptops Stecker imstecke, Adapter oschläiße oawwer Verständichungsmodule eanbaue un domet online sicherstelle kennte, deass Mensche sich tatsächlich aans zou aans verstieh. Doas werd's aach ean Zukunft nie geawwe un muss eansoweit berecksichticht wern, wann mer eam Begreaff sei, eus e aktuell Bild vom Geschlechterzores se mache. Vielleicht gucke mir häi ean en Oabgrond, met dem eus des Leawe objektiv eawwerfärret.

Allerdings hatt schun lang vir dem Diogenes – un domet sei mer wearre sereck bei de Weibsleut – de aalt Sokrates eam Ogesicht vo seiner Xanthippe vir dem Problem gestanne. Un der hatt domols schun kapiert, deass mir Männer (wann mer neat verzweifele wolle) die Verständnislosichkeit zwische de

Geschlechter nur met viel Humor eawwerstieh kenne. Wäi he de vermutlich wichtichste Satz vo de Geistesgeschichte formuliert un gesaht hatt: »Aech waaß, deass aech nix waaß«, hatt säi nur ean ihrer unnoochohmlich weiblich Oart strack degejegehale: »Aech waaß!« Häi entwickelt des zwischegeschlechtliche Verzweiflungspotential doch – mir wolle eus doas gout merke – urplötzlich en Witz, der aam schloagoartich eans Leawe sereckreißt. Un mir kenne wähl dovo ausgieh, deass de aalt Sokrates doas rächtzeirich begreaffe hatt un seim Sealbsterhaltungstrieb noochgegange eas. Stoatt sich ofsehänge wearre emol hearzhaft gelacht un »Joajoa« gesaht hu.

Wu viel Schoatte eas, eas aach viel Licht. So misse mir doas wähl seh. Immer wearre feanne mir Männer deshalb aach eam Ogesicht vo solche schwiere Verwerfunge e Möglichkeit, neat se verzweifele; un wu wirn mir eansoweit, wann mir neat of euse Humor sereckgreife kennte, doas hukwirksame Sicherungssystem, met dem die Natur eus neat uhne Grond ausgerüst hot. Weil: Wann mirsch genau neamme, eas eus Welt voll vo Situatione, ean dene mir völlig eawwerfärret sei – sobaald mir emol geheuroat hu. Un es git oft Schloag of Schloag, uhne deass mir zwischedurch emol Orem scheppe kennte. Wirn mir dann neat ob un zou aach fähich, eawwer eus Verhältnisse un eus sealbst hearzlich se lache, misste die Statistiker des männliche Durchschnittsaaler woahrscheinlich deutlich nooch onne korrigiern.

De Sack

(En Spaziergang eam Freuhjohr. Stoatt er aaltsworisch Haanddasch hot säi e naumorisch Säckelche debei, woas se sich wäi en Rucksack ofschnalle kann. Weil se oawwer aach sonst alles metschleppt, woas mer fier so en Spaziergang ubedingt brauch: Schminkzeuch, Schirm, Jack, e Fläschche Wasser, en Schlisselbund, der aussieht wäi e Kreuzung aus er Werkzeuchkist un er Schäißbud usw., sieht se zimlich bepackt aus. He will ihr woas oabneamme.)

ER: Soll aech der dein Sack emol traa?

SÄI: *(beschwörend)* Naa, naa, naa. Traa du nur dein. Doas helft mer schun.

Haaß Wasser
(Moejends virm Freuhsteck stit säi ean de Kich un trinkt aus em Keppche haaß Wasser.)
ER: Woas trinkst du dann do?
SÄI: Es stann ean de Zeitung, deass es geje alles Mögliche healfe deet, moejends e Tass haaß Wasser se treanke.
ER: *(skeptisch)* Wu stann doas dann ean de Zeitung, eam Horoskop?
SÄI: Ja, kann sei. Waaß ich neat. – Eas doch aach scheißegal, wu doas stann. Haaptsach, es helft.

Die Muse
(Se setze ganz entspannt of de Couch, säi mächt Kreuzwoarträtsel, he liest.)
SÄI: E Muse – ach du läiwer Gott – met ›T‹. Sechs Buchstoawe. De erschte eas en ›T‹, un dann kimmt en ›H‹, un dann wirsch gout, wann en ›E‹ keem, un de letzte misst en ›O‹ sei. ›Themlo‹ – gebt's so woas?
(Es gebt a, däi Thalia häßt.)
ER: Wäi kimmste dann do droff?
SÄI: Ei, es deet groad basse.
ER: Du phantasierscht der do afach woas sesome, oawwer?
SÄI: Joajoa, du! Du deest doch met so em Kreuzwoarträtsel nie feardich wern. Du deest joa o groad allem zweifele. Bes du dei ganze Duden ogeschleppt häst, wir joa schun des Bobeier vergilbt.

Hundeschule
(Se basse emol kurz of de Hond vo Noochbersch oacht, der ›Finn‹ häßt, un eigentlich gout erzeh eas. Eam Wohnzimmer heppt er ihr – noochdem e gemerkt hot, deass ›die Katz aus'm Haus eas‹ – of de Schuß un

leackt se oab, legt die Pfote ofs Sofa, schnuffelt ean ihre Jackedasche usw. Säi freut sich dodreawwer genauso ofrichtich wäi ausgiebich un tätschelt em de Kopp.)
ER: Wann du den etz alles mache lesst, verzäihste ihn woahrscheinlich.
SÄI: *(rechtfertichts sich)* Der hot joa vo sich aus ogefange.

De Kearschebaam

ER: Den Kearschebaam, der do direkt hinner de Garasch stit, wern mer de best immache.
SÄI: *(empört)* Woarim?
ER: Weil der zou gruß werd un zou dicht o de Garasch stit. Irgandwann mächt der richtich Probleme.
SÄI: *(spöttisch)* Woas e Gleck, deass mir neat meatte eam Waald wohne. Du häst längst alle Beem rond ims Haus erim imgemoacht.
ER: Ja, woas dann aach sonst?
SÄI: Ei, dann brauch mer aach neat ean de Waald se zäihe.

Es empfiehlt sich vielleicht doch grondsätzlich, beim Lease immer emol se pausiern un zwischedurch woas annersch se mache. Euse Humor kann aach neat alles oabfearren. Viele vo dene Beispille hinnerenanner kenne mir Männer möglicherweise doch neat aushale, uhne irgendwäi Schoarre se neamme. Aach wann mir sonst psychisch rächt robust sei.

Die Speulmaschin

(Nooch'm Freuhsteck werd de Desch oabgerammt.)
SÄI: De best stelle mer die Speulmaschin gleich o, däi speult dann schun so vir sich her, während aech oframme.
ER: ›Hie‹! Se speult fier sich ›hie‹! Mer säht: ›Häiher‹ un ›do*hie*‹.
SÄI: *(sealbstsicher)* Joa, doas eas bei dir so. *(kurz droff)* Kannste dei Keppche neat ean die Maschin stelle? Muss aech als hinner dir her ramme?

Er: Ei, die Maschin eas doch gerammelt voll. Do basst doch naut mieh debei.

Säi: Joajoa –. Wann mer neat alles sealbst mächt. Geab her. *(stapelt ean de Maschin noch mieh Geschirr)*

Er: Voll eas voll. O de physikalische Gesetze kann aach en verkrampfte Sparzwang nix ännern. Der Speuloarm ean de Maschin muss sich doch noch drehe kenne.

Säi: *(als noch vo owe eroab)* Oachjoah, hä! – Wer kennt sich dann häi aus, du oawwer ich?

(Se schalt die Maschin ean, däi sofort e deutlich Kloppgeräusch vo sich gebt: Klock, klock, klock …, während säi ean die Zeitung guckt un so dout, wäi wann se naut hearn deet. Es werd sei Keppche sei, geje doas de Speuloarm schleet.

Er räuspert sich un wäi doas naut helft, girre nooch neaweo, setzt sich of des Sofa un hofft, deass säi e Eanseh hu un doas Geklopp wearre oabstelle werd.

Säi kimmt hinnerher, setzt sich neawich ihn un dout weirer so, wäi wann se naut hearn deet. Nooch zwaa Minute git er hie un mächt demonstrativ die Kichedier zou.

Die Maschin kloppt, wann aach etz leiser, ganz rejelmäßich weirer. He nimmt sich also aach e Zeitung un räuspert sich nochemol. Säi bestit allerdings of ihrer Taubheit.)

Er: Wäi lang dauert doas dann, bes so e ganz Maschin voll Zeuch sawer gekloppt eas?

Säi: Also, du nadierlich. Wann mer dir doch emol eabbes rächt mache kennt …

Er: Etz saa mol, Schatz. Du musst doch ganz, ganz schlächt hearn, wann du häi setzt un dich doas Geklopp neat stört. So woas hot doch sonst niemetz, oawwer?

Säi: Aech waaß joa neat, woas du fier Leut kennst.

Er: Etz emol ernsthaft: Kann doas wirklich sei, deass du so schlächt hearscht?

Säi: Naa! – Aech verstieh bluß neat alles richtich.

So viel dozou. Mir kenne etz oawwer häi den Oabschnitt neat verlosse, uhne noch emol sereckgeguckt un of die

Verbindung zwische dem Diogenes un euser Grillestrategie ofmerksam gemoacht se hu. Stelle mer eus also noch emol vir, wäi he do fier dem Weltbeherrscher Alexander of de Ear leit:

Eas der Kearl neat so woas wäi de Prototyp vo em männliche Grille-Charakter? Stolz, frei un souverän? Es stit geschreawwe, der hätt's jedem gesaht un deshalb woard he aach vo sei'm gesamte Imfeald genauso geoacht wäi gefürchtet. Un mieh wäi a Hetäre (wäi soll mer doas eam Platt vo haut kurz un bündich erkliern: Studierte Weibsleut halt, voom horizontale Gewerbe), verzehlt mer sich, hätt's fier ihn imsonst gemoacht. Ehrenhalwer, sosesaa. – Vo so em Typ kenne mir doch nur learne.

Schrulliches

Während etz die Philosophie noch e Gebiet eas, woas durch logische un verbindliche Rejele als anichermoße strukturiert gealle deaff, sodeass mir Männer eus häi noch relativ gout orientiern un serächtfeanne kenne, wann eus emol woas ganz un goar Uverständliches begaant, trefft doas joa fier annern Bereiche neat mieh uhne weiresch zou. Sobaald mer verheuroat eas, kimmt's eam zwischemenschliche Merrenanner (sosesaa ean de Intimsphäre, aus der sich jed öffentlich Betroachtung eraussehale hot) joa aach zou Interaktione, däi völlich ugerejelt sei, un ean dene Weibsleut frei schalte un walte kenne, wäi se groad wolle. Häi git's erscht richtich drin ner un dreawwer, häi erreiche eus männliche Verusicherunge ihrn spektakuläre Höhepunkt.

Aech deaff doas

(Of em Spaziergang durch de Waald. He muss emol un stellt sich on Wägrand. Während e sein Booche fier sich hie mächt, kimmt säi vo de Seit o, mächt met ernsthaft nooch onne gezehene Mundwinkel sei Körperhaltung nooch, eawwerprüft alles noch emol, stellt sich noch e bessche braatbaanicher hie, wippt leicht ean de Knäi un blödelt ean der

Oart weirer, eandem se die männlichst vo alle Verrichtunge noochäfft:
Se dout so, wäi wann's ordlich woas se beweje geeb ean ihre Hose, schiebt
ean em grußspuriche Gesichtsausdruck die Innerlipp weit vir un mächt
dann, wäi wann se des Enn vo em Feuerwiehrschlauch ean de Henn
hätt. Aus de Aachewinkel lunzt se, woas he fier e Gesicht debei mächt
un guckt dann sealbst aach wichtich un konzentriert strackaus ean de
Waald.
Wäi he neat reagiert, grinst se, lesst ihrn Feuerwihrschlauch afach
foahrn, guckt dann ugeniert bei ihm hie, nimmt sich e lang, dorr Äst-
che un spillt domet ean seim Strahl.)
ER: *(peinlich berührt un sereckweisend)* No!
SÄI: *(eandem se ihm völlich sealbstsicher un herrisch die Stirn bäit)*
   Woas!? – Aech deaff doas, aech sei dei Fraa!

Aus'm Nehkästche werd zwar grondsätzlich neat geplaudert. Oawwer bei dem anzelne Beispill kenne mersch doch wearre aach neat belosse, wann mir eus den Bereich häi halbwägs realistisch vir Aache stelle wolle.

Schatz, komm emo' eroff
(En schiene Samsdoag eam Freuhjohr. Es eas elf Auer, he stit of'm Balkon, säi läft onne durch de Goarde.)
ER: *(leise)* Kannste emol eroff ean die Schloofstubb komme? Aech will der emol woas zeiche.
SÄI: *(ganz laut)* Aech komme neat enoff. Aech waaß schun, woas du mer zeiche willst.
ER: *(bemeuht, alle Zweifel se zerstreue, un weirer leise)* Naanaa, doas will ich joa goar neat.
SÄI: No, dann brauch aech joa aach neat enoffsekomme.

So seid ihr
(E bessche speeter, noochdem se sich dann doch e wink hiegelegt harre:)
ER: Aech gieh emol kurz eans Boad.
SÄI: *(protestierend)* Joajoa, verloss mich nur. So seid ihr Kearle.

Mir wolle's eansoweit genunk sei losse met Fallbeispille.
Die weiblich Schrullichkeit beosprucht joa aach außerhalb
vom Sex ihrn feste Platz.

Botzlappe

*(Es misse viele aale Lappe ofgehowe wern, eam Kicheschrank, weil »mer
däi all nochemol neamme kann. Mer kann neat alles gleich fortschmei-
ße.« Met em Sparsamkeitsfimmel, den er dodreann sieht, hot doas
nadierlich naut se dou. Aach dann neat, wann schun 50 Steck vo den
Deanger de Schrank verstobbe.
En schiene Doag nimmt er aan vo dene ›hukwertiche‹ Textilreste,
wescht irgendwoas Fettiches demet oab un will dann wenigstens doas
Exemplar schun emol entsorje.)*

SÄI: *(gebieterisch)* Der werd noa'mol gewäsche un noa'mol
genomme!
ER: Ja, mer kanns aach eawwertreiwe. Dann werschte däi
Lappe aach noch neamme un of de Wäschelein treckene,
wann schun eawwerall Lächer dreann sei. Woas solle dann
die Noochbern vo eus denke?
SÄI: Dovo verstisst du naut.
ER: Woas-woas. Du host doch sealbst gesaht, deass de se
fortschmeiße welltst, wann de se noch amol benotzt häst.
De ganze Schrank leit doch voll devo.
SÄI: Doas eas joa aach en Lappe vo mei'm aale Lieblings-T-
Shirt.

Ihr läiwe Luut! Besonnersch ostrengend kann's dann noch
wern, wann Schrullichkeite gestaffelt doherkomme. Ean gan-
ze Serie kenne se dann, wann so woas aus unerfindliche
Gründe amol en Ofang gefonne hot, of eus eantraddele.
Speetestens dann misse mer erkenne, deass mirsch häi met
feste un durchgängiche Strukture se dou hu, däi fier eus
Männer durchaus problematische Forme oneamme kenne.

Die Woch of de Wooch
(Mundoag)

SÄI: Saa emol: Maanst du, aech wir se dick?
ER: *(verwonnert)* Woas?
SÄI: Maanst du, aech wir se dick?
ER: Wäi kimmste dann dodroff?
SÄI: Ei, saa doch emol, nur so halt.
ER: *(ahnt Schrulliches)* Nur so halt?
SÄI: Ja.
ER: Naa.
SÄI: Woas, naa?
ER: Ei, du host mich doch woas gefreegt. Un dodroff hu aech ›naa‹ gesaht.
SÄI: Herr Gott, woas seist du aach en Knearzkopp. Dich kann mer noch neat emol afach woas freeje, wann mer woas weasse will.

(Deanstoag)

SÄI: Saa doch emol ehrlich: Findste mich irgendwäi se dick?
ER: Etz fingt doas schun wearre o.
SÄI: Ei, saa doch emol. Brauchst joa neat gleich uleirich se wern.
ER: Herrejeh, Fraa, woas willste dann als. Stell dich doch of e Wooch, dann brauchste mir neat als met so komische Frooche se komme.
SÄI: Mich interessiert mei Gewicht joa goar neat.
ER: Dann freeg mich aach neat, ob de se dick wirscht.

(Mettwoch. He hot ihr woas metgebroocht.)

SÄI: Woas eas doas dann?
ER: Ei, e digital Personewooch.
SÄI: Woas soll aech dann met er Wooch?
ER: Feststelle, ob de se dick seist oawwer neat. Aech will mich neat ernsthaft met dir ean die Hoorn krieje, nur weil du neat erausfeanne kannst, ob de se viel of die Wooch brengst.
SÄI: Gottche, naa, maech interessiert mei Gewicht doch goar neat. Hu aech der doch gesaht. Wann de nur emol zouhearn deest. – Käft der mir e Wooch!
ER: Ei, dann weij vo mir aus die Katz.

(Donnerschdoag)
Säi: *(direkt nooch'm Wachwern, während dem Ofstieh)* Woas soll aech dann etz domet mache?
Er: *(verstit neat, wuvo se schwätzt)* Wumet mache?
Säi: Ei, met der Wooch.
Er: *(zuckt sesome)* Die Wooch! – Herr Gott, stell dich droff.
Säi: Wäi, ›stell dich droff‹? Afach so?
Er: Ja, woas dann sonst?
Säi: Gottche, naa, zou woas du aam neat noch all brengst.
(Freidoag)
Säi: Ja, also. Wäi weijt mer sich dann etz domet?
Er: Neat schun wearre.
Säi: Sei neat gleich wearre so eklich. Saa mersch emol richtich.
Er: *(lauter)* Ean- dem mer sich droff- stellt. – 's Laad neat noch.
Säi: Ja, met Klaarer oawwer wäi?
Er: Uhne Klaarer.
Säi: *(empört)* Uhne Klaarer?
Er: Mach doch, woas de willst.
(Samsdoag)
Er: *(noochmittoags)* Woas läfst du dann eweil häi ean de Innerwäsch erim?
Säi: Aech weije mich etz.
Er: Ouha!
Säi: Ja, du gebst joa doch kaa Rouh.
Er: *(lacht)* Joajoa.
Säi: Ja, wäi dann etz?
Er: Fang neat schun wearre o.
Säi: Ja, etz afach droffstelle oawwer woas?
Er: Jooaah houaah!
Säi: Un de Brell?
(Er dreht sich knotternd erim un git fort)
(Sonndoag)
Säi: *(beim Freuhsteck)* Etz freej ich dich zoum letzte Mol.
Er: *(murmelt leise vir sich hie)* Grußer Gott, werf Geald eroab … *(dann laut)* Aech neamme o, du willst dich weije.

Säi: Ja, deass es etz endlich emol Rouh gebt.
Er: Gout.
Säi: Met d'm Brell oawwer uhne.
Er: Loss'n of, dann zäihe mer doas halt noochher oab.
Säi: Aech glaawes noch. Dann brauch aech en doch goar neat erscht ofselosse ...
(Mundoag)
Säi: Gelle? Du liebst mich.
Er: Joa.
Säi: Gelle? Aech sei doch die best vo en all.
Er: Joa.
Säi: Gelle? Es eas doch alles gout so, wäi's eas.
Er: Joa.
Säi: Siehste!

Wann mir eus met so woas ernsthafte un gründlich ausenaasetze wolle, riskiern mir eus Gesundheit. Un wann mir glaawe, doas bleb alles ean de Klaarer hänge, dann aach. So woas eas wirklich gefiehrlich. Häi eas e schicksalhaft Verhängnis eam Spill. Mir Mannskearle stearwe neat imsonst grondsätzlich freuher wäi die Weibsleut. Deshalb deffe mir of kaan Fall dovo ausgieh, doas wirn alles nur zoufällige Kommunikationsstörunge, däi eam Grond goar naut se bedeure härre. Solche Gedanke dränge sich eus vir allem dann of, wann em nächste Moment wearre normal weirergeschwätzt werd, wäi wann goar naut geweast wir.

Doas sei kaa zoufällige Konfusione oawwer gängiche Prozentsätz vo quasi »geistichem Bruch«. Doas hot alles e einheitlich Basis un en gewaltich rumorende Innergrond. Es stammt aus elementare weibliche Verhältnisse, däi met enorme Energieje ofgeloare sei. Energieje, däi eus Männer immer wearre emol ganz unvermittelt fremd un bedrohlich gejeeawwerstieh kenne. Wu immer däi offbreache, misse mir eus (wann's äwets git) vom Äcker mache.

Beim Chreasbaam z.B. un dem Zores, der ganz rejelmäßich drim erim entstit, denke mir Männer vielleicht jedes Johr wearre vo Nauem, deass mir eus desmol schun irgendwäi met de Fraa wern vertraa kenne. Obwähl's virher noch nie geklappt hot. Un domet bleiwe mir genauso goutmeurich, wäi naiv meatte of dem aale ›Kampfplatz‹ stieh (stoatt eus aus'm Staab se mache), feuhle eus metverantwortlich usw.

Ean Wirklichkeit sei mir zimlich treu-doof, wann mir glaawe, met so em brodelnde Innergrond – der ean de Neh vo kirchliche Feierdoache, Huchzete usw. immer ofingt se rumorn – wann mir also jedesmol nau glaawe, domet schun irgendwäi serächtkomme se kenne. Allemol of Chreasdoag eas so woas eus sealbst gejeeawwer ganz un goar unverantwortlich.

De anziche Auswäg, der eus tatsächlich offe stit, eas, euse Beitroag zou dene Feierdoagsrituale of des Allernierichste se beschränke, z.B. ausschließlich dofier se sorje, deass immer en gruße Baam rächtzeirich ebeikimmt un speeter aach wearre eweg. Doas scheckt, im eus Geweasse se berouhiche, un aus'm Rest misse mer eus konsequent eraushale. Den ganze emotionale Begleitzirkus vo dem Friedlichkeits-Spektoakel deffe mir nur noch met em ausreichende innerliche Sicherheitsoabstand (un de best ean Deckung) o eus vorbeizäihe losse, wann mer ugeschorn devokomme wolle. Die Fraa kann dann z.B. des ane Johr de Baam ean seiner ganz Läng ofbaue, sodeass e bes o die Deck git, un des anner Johr kann se'n oabsäje un of de Desch stelle wäi en grissere Blommestrauß. Wäi se sich's groad denkt. (»Doas wechselt joa aach emol. De Baam kann neat immer nur gleich ausseh. Mer feuhlt sich schließlich neat jed Johr gleich.«) E anner Mol kennt se aach e flach Exemplar o die Wand schrauwe, im Platz se sparn. Oawwer e mittelgrußes vo de Deck eroabhänge losse, domet mich Geschenke drinner basse. – Mir sei jedenfalls met allem eanverstanne un losse se mache, weil eus jed weirer Beteilichung met grußer Sicherheit ean des übliche Chaos eneannreiße deet.

Wann mir dann of däi Oart die Chreasdoag stressfrei eawwerstanne hu, misse mir eus nur noch dofier heure, deass sich die ofgestaut Restspannung ganz om Schluss neat doch wearre noch o eus entlädt. Däi Gefohr bestit nämlich ean dem

Moment, ean dem mir doas Deank entsorje wolle. Vielleicht gebt's dann noch emol en eawwerraschende Energiedurchbruch aus de däifere Schrullichkeitsschichte, weil säi afach nur met ihrm Baam-Gefeuhl noch neat ganz feardich eas (ihr kann joa z.B. immer noch irgendwäi weihnoachtlich woarm ims Hearz sei). Met em herrische Kommando, dem mer oheart, deass Gejeargumente durchaus neat gefreegt sei, wäi z.B.: »Naanaa, der bleibt noch stieh!«, dehnt se dann inner Imstenn ihr Feierdoagsgefeuhl eawwer Zeit un Raum un eus männlich Koexistenz eweg aus.

Sei mir dann allerdings noch ean Deckung, kenne mir eus aach domet noch locker oabfeanne. Mir schütze eus nooch Grillemanier un denke z.B.: »Woas leit mir dro. Loss en stieh bes Ustern un häng Ajer dro. Woarim aach neat.«

Bedeutsame Probleme kenne, wann mer eus emol o des Leawe aus de Chreasdoagsdeckung gewiehnt hu, eigentlich nur noch dodurch entstieh, deass mir däi schrulliche Verhältnisse – däi mer joa sealbst neat richtich verstanne hu – em ajene Geschlechtsgenosse erkliern misse.

Jugendfeuerwihr
(Zwie junge Kearlchen ean Feuerwihruniforme stieh vir de Dier. Met em Ernst, der so er Sach ogemeasse eas, erkliern se eus, deass säi etz ronderim die aale Chreasbeem oabhälle. Woas kenne mir als Hausherr dozou saa, wann die Fraa noch neat so weit eas?)

ER: Ou! Doas dout mer etz laad. Wesst er, mei Fraa hängt o ihrm Baam. Do eas Ende Jannewoar noch naut se mache. Wollt er neat irgendwann nooch Ustern noch emol wearrekomme? Do kennte mer dann vielleicht schun emol dro denke, die Trennungsphase eanseläure.

Mächt nix. Bei so woas mache mir Männer woahrscheinlich immer e schlächt Figur.

Des wirklich Tückische o dem schrulliche Moment eas joa, deass es weje seiner Ajendynamik fier eus völlich unbereachenboar oftaucht oawwer wearre verschwindt. Mer waaß eigentlich nie, wann un wu's met Gewaalt hervirbrecht. Wäi beim Vulkanismus. Es scheint goar kaa hemmende Schranke oawwer Kontrollmechanisme se geawwe. Mir sei em völlich ausgeliwwert.

Weibsleut kenne nämlich ihr energiegeloarene Virstellunge plötzlich aach ean Gebiete freie Laaf losse, ean dene mir Männer eus besher relativ sicher gefeuhlt hu, weil häi eawwer längere Zeit naut bassiert eas. Woas mir dann z.B. o Fußball-Kommentare se hearn krieje, kann schun Engst mache. Mer spiert dann ganz genaa, deass es im gefiehrliche, archaische Zoustenn git un freegt sich verusichert, woas do eigentlich fier dunkele Oabgründe ean so er Fraa lauern. Aach un groad weil mir oneamme kenne, deass es ean so Fäll nur owerflächlich im Fußball git un die Begeisterung tatsächlich aus ganz annern, aus verdeckte Leidenschafte gespeist werd. En feueriche Patriotismus kann sich so z.B. unvermittelt Boh breache.

Fußball eas e Leidenschaft

(Säi eas vir lauter Weltmeisterschaft wäi aus'm Häusche un setzt – nadierlich nur, wann ›mir‹ spille – schun lang vir dem Opeaff eam Fernsehseassel un rifft ihm durchs ganze Haus zou, »es geng bestimmt gleich lus, weil kennt mer schun de Rasen seh, he sellt sich beeile« usw. Während dem Spill kommentiert se gewöhnlich viel un schäißt manchmol leicht met. Es git lus.)

SÄI: *(gruß eam Bild: Jens Lehmann)* Bass nur du schie oacht un loss kaa Tor encann! De Olli Kahn werd dehaam setze un Geaft spucke. *(un dann, so, wäi wann des Nierichste gesaht wern misst)* Also, de Ballack soll ans schäiße un de Klose. *(Abstoß vom gegnerische Tor)* Saa mol, die Fußballfealder wern aach immer kearzer oawwer? Sei däi immer gleich lang? *(guckt ihn ganz interessiert o, während se of sei Antwort woart, heart dobei oawwer, wäi de Stadionkommentator »eus« kritisiert un schwätzt deshalb gleich weirer, eandem se sofort wearre ean de Kaste guckt.)* Schwätz kaan Scheiß, du seist neat of'm Platz! *(wäi de Schiedsrichter großzügich e Foul vo ›euse Junge‹ eawwersieht)* Der hot vielleicht e

deutsch Fraa, der Schiedsrichter. Däi hächt em de Frack voll, wann e geje eus peift. Mer muss joa immer met de Weibsleut reachene.
(Halbzeit/Seirewechsel)
SÄI: Wäi, Seirewechsel. Spille däi etz ean die anner Richtung? No, doas feann ich joa blöd. Wann do noch aner e bessche ean Gedanke eas un denkt: Aech sei noch of de anner Seit?

Es git geje Australien
(Des Spill läft scheint's ganz normal, eam Moment kann se sich allerdings met dem übliche unfaire Gerangel goar neat oabfeanne.)
SÄI: *(wäi wann se eam Keannergoarde die Buwwe serächtweise misst)* Nooo, es werd neat gestombt! *(un weil däi scheint's neat hearn)* Also, däi sei doch – wäi ihr Däiern do, däi Kängurus. Däi boxe doch aach.

Geje Schweden
SÄI: Woas? En brasilianische Schiedsrichter? Doas gefällt mer goar neat. Däi sei neat objektiv.
ER: Die Brasilianer?
SÄI: Die Schiedsrichter – vo Brasilien. Däi wolle joa aach Weltmeister wern.
ER: Welch Nation kennt dann do objektiv sei?
SÄI: Wann doas z.B. en Tscheche wir. Däi sei schun haamgefoahrn. Der kennt dann ganz entspannt zou eus hale.
(En Schuss git nur ganz knapp om Tor vorbei.)
Säi: *(springt of, krümmt sich, reibt die Ellebooche oenaa)* Eijassassass ... *(Die Wiederholung läft ean Zeitlupe. Säi verkrampft sich vo Nauem)* Ou, ou, ou – aah! Schun wearre beinoh.
ER: Doas woar doch nur die Zeitlupe.
SÄI: *(eam sealwe Moment ganz entspannt un schun wearre offe fier alles woas etz kimmt)* Ach so.

Argentinien

Säi: *(en Argentinier hot sich gestombt)* Oaah – meatte of die Brutsch. Do schwätzt sich's so schlächt spanisch met. *(1:0 fier Argentinien)* Aech hatt's geahnt. – Mir verliern!

Er: Noja, es eas doch noch jede Menge Zeit fier en Ausgleich.

Säi: Wann ich saa, mir mache kaa Tor mieh, dann kenne däi spille, wäi se wolle. Aech hat haut moejend schun doas Gefeuhl. Mir verliern, werscht seh.

Frankreich

(Die Fußballinteresse sei mächtich ogeschwolle. Se guckt vo de Kich aus schun emol, wäi de »künftiche« Gechner spillt, eas dobei scheint's ganz entspannt, krit oawwer alles met.)

Säi: *(kimmt aus de Kich gespretzt)* Faul, doas woar doch faul. Elfmeter! *(De Schiedsrichter hot's gepeaffe. Aner legt sich de Ball of de Elfmeterpunkt.)* Woas mächt der dann do?

Er: Ei, Elfmeter. Hoste doch sealbst gesaht.

Säi: Woas! So dicht virm Tor?

Wäi gesaht, mer kann's manchmol wirklich met de Engst se dou krieje.

Physik

Ans vo de interessanteste Phänomene ean de zwischegeschlechtliche Verhältnisse eas, deass Weibsleut zwar ständich woas verwechsele, oawwei durchaus dovo eawwerzeucht sei, doas hätt weiresch kaa Bedeutung. Also ›owwe‹ un ›onne‹ z.B. oawwer die Himmelsrichtunge. Un ›links‹ un ›rächts‹ sowieso. Aus ihrer Sicht sei eansoweit aach die ordnende Mittel un Begreaffe, däi die Sprooch fier die Rejelung vo solche Probleme beraathält nur begrenzt tauglich: »Mer muss doas alles e bessche locker seh un kann neat so klaakariert un spießich domet imgieh, wäi Männer doas fier gewöhnlich mache. Wann se z.B. pedantisch droff bestieh, deass ›beargoff‹ neat aach emol ›beargoab‹ bedeure kann – wann mer doas halt groad emol so maant.«

Die Fläihend Hetz
ER: Wäi eas doas dann met deiner Fläihend Hetz, wann du so schweatzt?
SÄI: Wäi doas eas?
ER: Ja.
SÄI: Ganz furchtboar!
ER: Ja, wäi halt?
SÄI: Ei, de ganze Reck eroff, bes inner die Foußsohle.

Se greife, wann se woas erkliern wolle, aach neat immer of logische Grondloache sereck. Läiwer versuche se woas durch Bilder se vermittele. Also besser gesaht, durch bildhafte Beispille oawwer durch Analogieje, däi sofort eanleuchte.

SÄI: *(ärjerlich)* Woas nuschelste dann do als vir dich hie? Etz komm emol häi her un hearr emol, ob de aan Ton vo dem verstisst, woas du do heanne als vir dich hie praddelst.

Un analog dozou kenne aach neat immer naturwissenschaftliche Gesetzmäßichkeite als Basis vo physikalisch-mathematische Beurteilunge virausgesetzt wern.

Gleich lang
(of em Spaziergang)
SÄI: *(während se eam Laafe baare Ärm waagrecht vir sich ausstreckt un betroacht)* Guck emol, mein rächte Oarm eas länger wäi de linke. Hu ich goar neat gewusst.
ER: *(grinst ganz braat)*
SÄI: Woas gebt's dann do se lache! *(noochdenklich)* – Mach du emol.
ER: *(He klemmt sein Pullover inner die link Schulter un streckt deshalb sei Ärm nur leicht oabewinkelt vir, gebt dobei oawwer oacht, deass se gleich lang wirke.)*

Säi: *(guckt ganz genau)* Dei sei gleich lang. *(Säi streckt ihr Ärm wearre vir sich hie.)* Tatsächlich. Mein rächte Oarm eas eindeutich se lang. Deass aech doas noch nie gemerkt hu? Gebt's doch neat. Doas hätt mir doch schun emol irgendwäi offalle misse!

Er: Es kennt joa aach o woas annerm leije.

Säi: Ei, wann's o woas annerm leeg, doas deer aech doch merke.

(Er schüttelt irritiert de Kopp)

Säi: Du verstisst wearre nix.

Wer häi als Mann versucht, die Urteilsfindung ean Frooch se stelle, werd als Owerlihrer oabgestempelt, un eas domet als Gesprächspartner weg vom Feanster: »Wann mer doas wirklich verstieh will, dann verstit mer doas schun.« Es leit also om Wolle.

Un wann doas tatsächlich emol neat funktioniern deet (also, deass mir als Mann ganz fest wellte un deere trotzdem naut verstieh), maane se, dann kennte komplizierte Sachverhalte schließlich aach irgendwäi gefeuhlsmäßich erfasst wern. »Weibsleut kenne doas joa aach.« Woas z.B. richtich eas un woas neat oawwer woas als woarm bezaechend wern kann un woas neat, dofier hu Weibsleut e ausgeprägt Gefeuhl. Doas eas fier säi uhnehie de beste vo alle denkboare Moßstäb im festsestelle, wäi's eas of de Welt. Technische Instrumente, Thermometer z.B., schätze se demgejeeawwer äier als en dreattklassich Nutbehealf ean: »Woas kann mer domet dann schun measoc? Celsiusgroade, nadierlich. Oawwer woas häßt doas schun. Dovo waaß mer doch neat, wann aam woas se woarm oawwer ac kaalt eas. Es gebt joa aach ganz klaane Däiernchen, däi o Eisberje leawe – onne, eam eiskaale Wasser – un dene git's gout. Un annern leawe wearre ean em Wasser woas baald kocht. Woas hot doas also schun se bedeure, woas mer vo em Thermometer oablease kann …«

Wäschtemperatur
(Huksommer)
ER: Saa emol, Fraa, hu aech doas richtich geseh, host du eam
  Boad die Heizung ogemoacht?
SÄI: Mir woarsch haut moejend e bessche fresch.
ER: Fraa, es sei 30 Groad eam Schoatte, un noachts keuhlt's
  neat weirer oab, wäi of 19 Groad. Wohlgemerkt: draußе.
SÄI: Aech kenne Leut, dene git's genauso wäi mir. Aech hu
  haut moejend erscht emol gleich de Föhn e wink omache
  misse, demet aech mich eawwerhaapt wäsche konnt.

  Un als Begründung werd dann inner Imstenn des haltloseste Zeuch o de Hoorn ebeigezeh, woas groad bildhaft irgend eabbes hergebt. Mierschtens stammt doas dann aus Bereiche, ean dene se sich eus eawwerleje feuhle. Die Körperpflege eas so en Bereich.

SÄI: Wann's zou kaalt eas un mer hot Gänsehaut un wäscht
  sich, dann wäscht mer joa nur owe eawwer die Huppel vo
  de Gänsehaut eweg. Un wann dann die Gänsehaut wearre
  verschwunde eas, dann hot mer de ganze Schmodder noch
  o sich.

  Joa, geweass. Doas eas halt alles gefeuhlsmäßich erschlosse un deshalb eas dem met männliche Virstellunge nadierlich neat beisekomme. Entweder mir kenne doas als Mann aach gefeuhlsmäßich noochvollzäihe oawwer halt neat. Dozwische gebt's naut.

Die drei Hälfte
(Se eas debei, ihm irgend woas se erkliern.)
SÄI: *(...)* Waaßt'e, doas sei dann so drei Hälfte.
ER: Wäi, drei Hälfte?
SÄI: Ei, so gedaalt, deass es halt drei gebt.
ER: Doas sei oawwer doch dann kaa Hälfte.
SÄI: Doooch-doch: Drei Hälfte!

Er: Ouha ...

Säi: Woas willste dann als? Jeder verstit's, nur du wearre neat. Doas eas schun richtich.

Er: Rein mathematisch betroacht, eas doas neat ganz ean Ordnung.

Säi: Eas es wähl. Aech sei aalt genunk, im doas se weasse.

Er: Doas stimmt allerdings.

Weibsleut sei fähich, völlich kompromisslos, uhne Recksicht of Verluste, un geje alle Vernunft, of ihre emotionale Weltbilder un Erklärungsmodelle se beharre. Mir misse eus deshalb o so er Stell wirklich om Rieme reiße un ganz ernsthaft freeje, ob's en Sinn mache kann, wann mir sealbst z.B. of de Bedeutung vo mathematische Begreaffe bestieh. Aach wann's grondsätzlich schun wichtich wir, säi domet zou e bessche Gehirndisziplin osehale. Oawwer oab em bestimmte Aaler weasse mir joa, deass mer eam Leawe aach emol e Fünf fier e groad Zoahl durchgieh losse muss. Also, woas soll's. Naturwissenschaftliche ›Neawesächlichkeite‹ wern eus uhnehie nur als Schlaumeierei ausgelegt un außerdem entstieh durch solche absolute Geltungsosprich fier Weibsleut nur noch zousätzliche Verwirrunge. Wann mir häi stur bleiwe un es gebt Krach, dann kann ean ihne z.B. die fix Idee ofkeime, deass letztlich die Naturwissenschafte sealbst oawwer die Naturgesetze o sich Schold o allem wirn:

Scheißphysik!

(Es eas Oktower, aner vo de erschte kaale Doache.)

Säi: *(mct em klare Appell o ihn)* Mir misse emol e bessche Feuer omache, Kearle, Kearle. Wäi aech inner de Dusche erauskom un noch neat oabgetreckend woar, hu aech richtich gefrohrn. Woas woar doas schun so kaalt.

Er: Doas eas nur so lang, wäi de nass seist. Weje de Verdunstungskühle.

Säi: Ja, genau. – Scheißphysik!

61

Die emotional gestreckt weiblich Kombinationslost verfingt sich häi met ihrer Fusselichkeit zwangsläufich ean dem Gedanke, »wann's däi Scheißphysik met dem Verdunstungs-Hohuspokus neat geeb, brecht aech schließlich neat se friern«. Ihr ganz Oabneigung, däi besher schun problematisch genunk woar, verstärkt sich dann nur noch: »Wuzou also naturwissenschaftliche Erklärunge, wann se aam nur eam Wäg erimstieh, stoatt se wirme? So woas brauch kaan Mensch.«

En volle Kühlschrank
ER: Ich maane als, wann du eankäfst un Hunger host, dann eawwertreibst du's immer un käfst viel se viel. Vo dem vollgestobbte Kühlschrank häi, do verschimmelt doch bestimmt e Veartel.

SÄI: Naa, naa, naa. Du waaßt, deass doas neat stimmt. Du doust groad so ... Wann emol woas neat gegeasse werd bei eus, dann eas doas hiekstens e Dreattel.

Genau. »Un woas doas eawwerhaapt soll, doas ganze Dreattel- un Veartelgeschwätz. Woas zehlt, eas schließlich woas ganz annersch: Wer käft häi ean un wer hot doas eam Gefeuhl, woas mir brauche – du oawwer ich?«

Weibsleut komme, jenseits vo de Schulpflicht, ean ihrer Welt irgendwäi ganz gout uhne Naturwissenschafte aus.

Kritisch kann's dobei allerdings schun emol wern, wann mer z.B. eam Urlaab e länger Wanderung plant, bei der mer met seine Kräfte haushale muss, domet mer eawwerhaapt noch gesond haamkimmt. Weibsleut verlosse sich sealbstverständlich aach eam Urlaab un eam Ogesicht vo reale Bedrohunge of ihr Gefeuhl un begreife eawwerprüfboare Orientierunghilfe als uwichtich.

Beargoff, beargoab
(Se sei seit ca. zwo Stonn bei Sonneschei of em ausgedehnte Spaziergang innerwägs un säi will doas schiene Wearrer ausnotze, im noch e bessche

se laafe. Allerdings eas es schun rächt speet gewoarn un es soll Gewirrer geawwe. He will etz strack haam. Es ergebt sich a vo dene typische Diskussione.)

ER: Rein physikalisch geseh musste zougeawwe: Wann mir häi den lange Wäg etz noch emol enoablaafe eans Doal, misse mer joa do heanne den ganze Hiehe-Innerschied aach wearre enoff.

SÄI: Ooach, Quatsch. So denke aach nur Männer. Do heanne doas eas doch nur e ›Schreechelche‹, doas sieht mer doch.

Joa, freilich: »Doas git schun, doas sieht mer doch. Wieso eigentlich Physik? Woahrscheinlich hot doas met Physik aach eawwerhaapt naut se dou. ›Auf, mir gieh etz. Es gebt kaa Gewirrer.‹ So woas hot mer doch eam Gefeuhl.«

Psychologie

Weibsleut misse joa bekanntlich eam Geschlechterkampf met durchschnittlich winger Körperkraft auskomme wäi mir. Doas brengt se fast zwangsläufich dozou, deass se sich im en Ausgleich bemeuhe – wann mer doas emol virsichtich ausdrecke wolle. Jedenfalls verleje se sich eam Imgang met eus deshalb of List un Tücke, mer kennt vielleicht aach saa, of Verstellung un Falschheit. Se losse sich Winkelzüch un zweifelhafte Tricks eanfalle, mer kennt aach saa, se wern hinnerhältich. Un se täusche Harmlosichkeit vir, während se met ihrer Freundin verschwörerisch tuschele, woas mer als intri‑ gant bezaechene keunnt. Well doas oawwer alles neat groad nau eas, wolle mir häi of ausführlichere Beschreiwunge verzichte.

Nau eas eansoweit allerdings, deass se sich ean jingster Zeit neat mieh schame, doas alles offe eansegestieh. Während se freuher wenigstens noch versucht hu se vertusche, met woas fier unmoralische Strategieje se earwe, un eansoweit weje ihre nirrerträchtiche Methode mindestens emol zoum Schei noch e schlächt Geweasse harre, schwadroniern se haut schun met ihrer schoofelich Natur völlich ugeniert un quasi öffentlich doher.

Ofhorche misse mir o der Stell, weil so e Ausmoß vo Verruchtheit bei eus Mensche normalerweise ganz automatisch (weje'm Ofbau vo de Psyche) zou em oarg schlächte Geweasse führt. Woas seit Sigmund Freud allgemein bekannt eas, gellt joa neat nur fier Männer. Eam Gejedaal, es eas eigentlich bei Weibsleut entdeckt woarn. Mir kenne eus also met Rächt freeje, wäi däi met ihrer schäwich Natur innerpsychisch serächtkomme. Es muss irgend e geschlechtsspezifisch Erklärung dofier geawwe. – Un tatsächlich kenne mir bei neherer Betroachtung feststelle, deass Weibsleut offensichtlich ean ihrer Entwicklungsgeschicht e ajen psychisch Struktur entwickelt hu misse, däi doas Problem met dem Geweasse ean Wohlgefalle oflöst. Se kenne sich also of ihr Oart ugeniert un gemein beneamme, weil se jederzeit die Möglichkeit hu, sich nutfalls ean ihr imgebaut psychisch Strukturmodell (wäi ean e wohnlich Schneckehaus) serecksezäihe.

Weil doas e rächt kompliziert Geschicht eas, sellte mer emol versuche, eus däi Verhältnisse o em Vergleich met de Technik klarsemache. Mir stelle eus also – ganz grob verafacht – vir, deass doas weibliche System ugefiehr so funktioniert, wäi en moderne Sicherungskaste met viele Sicherungsautomate ean em Wohnhaus. So e Technik eas joa bekanntlich fier bestimmte Belastungsgrenze ausgelegt, innerhalb dene en ganz normale Betrieb möglich eas. Mer kann z.B. alle mögliche elektrische Geräte betreiwe un afach wearre oabschalte, soweit däi neat eawwermäßich viel Strom verbrauche. Wann dann allerdings stearkere Belastunge oftreare (mir neamme o, mer wellte zousätzlich zou de Wäschmaschin eam Boad met er Doppelsteckdos nur ganz kurz e gruß Flex betreiwe), dann fläit eam Sicherungskaste die entsprechend Sicherung eraus, domet sich neat die Leitung eawwerhetzt un vielleicht die ganz Bud oabbrennt. Dodurch eas zwar eam sealwe Moment erscht emol alles dunkel, oawwer wann mir etz vernünftich sei un die Idee met der Flex ofgeawwe, dann kenne mir afach de Automat wearre eanschalte un eus Wäschmaschin weirer betreiwe, wäi wann naut geweast wir. So weit des Prinzip.

Ganz ähnlich denke mer eus etz die Funktionsweis vo de weiblich Psyche. Wann eam Imgang met eus Männer irgendwelche stearkere moralische Osprich oftauche, dann registriert ihr Psyche e Eawwerlastungssituation un doas löst direkt zwoerlaa Schaltvirgäng aus: Erschtens fläit beziehungsmäßich e Sicherung eraus un es werd met aam Schloag dunkel ean de Kommunikationslandschaft. Totalausfall vo alle Systeme ean em bestimmte Sektor. Mir Männer suche dann gewöhnlich nooch Kearze oawwer Daschelampe un während mer ean dem ganze Durchenaa de Sicherungskaste vo Wäschstänner un deckehuhe Gummibeem freiramme, im die Sicherung wearre eanseschalte, registriern mir ean de seltenste Fäll, deass gleichzeirich noch woas annersch bassiert eas. Die Weibsleut hu sich met dem Stromausfall (wäi wann mer er Schneck kräftich of baare Fühler gekloppt hätt) reflexoartich ean ihr psychisch Schneckehaus sereckgezeh un sei eansoweit afach naut mieh do. Se feuhle sich fier solche Störunge ean kaaner Weis verantwortlich un eawwerlosse's eus, die Verhältnisse wearre se ordne. Virher verlosse se ihrn »Burgfried« neat un mir kenne se aach neat oschwätze.

Es eas also o eus, die Beziehungsstruktur wearre ean Ordnung se brenge. Doas git allerdings nur, wann mir (analog zou de Flex) e Eanseh bezüglich euse moralische Osprich hu – woas sich oawwer mierschtens ganz automatisch reguliert, weil mir Männer ean so Situatione nämlich oabgelenkt sei. Bes mir eus durchgewurschtelt un endlich wearre Licht gemoacht hu, denke mir normalerweis aach naut mieh o eus Osprich. Domet eas die Belastung verschwunde un dann komme se wearre aus ihrm Gehäuse eraus un mer kann ganz normal met en weirerschwätze. Hu mir allerdings, wann's wearre heall eas, emol neat alles vergeasse un erhewe weirer Osprich, dann registriert ihr Psyche noch e Eawwerlastungssituation, eam Sicherungskaste fläit de betreaffende Automat sofort wearre eraus, un säi bleiwe verschwunde. Des Spill git domet ean die zwot Runde un mir hu vo Nauem Gelejenheit, eus ean de Dunkelheit ausreichend se zerstreue. Woas de mierschte vo eus eam zwaate Versuch aach gelingt.

Sei mir dann oawwer immer noch neat gründlich genunk oabgelenkt un bestieh stur weirer of moralische Standards, lesst sich de Automat erscht goar neat mieh eanschalte. Die Kommunikationslandschaft bleibt dunkel un die Schneck eam Gehäuse. Feardich ab. – Eam richtiche Leawe äußert sich doas dann vielleicht so, deass die Weibsleut »sich neat gescheit konzentriern« kenne, deass se »neat verstieh, woas mir saa«, oawwer deass se »Koppschmearze krieje«; vielleicht argumentiern se aach völlich krusselich, vielleicht mache se eus fier alles verantwortlich usw., je noochdem, wäi sich de Stromausfall bemerkboar mächt. De Imgang met ihne brecht also of die a oawwer anner Oart sesome, so wäi mir doas vom Geschlechterzores gewiehnt sei.

So ugefiehr misse mer eus doas Prinzip wähl denke, nooch dem die weiblich Psyche funktioniert. Weibsleut kenne deshalb aach längere moralische Schlächtwearrerperiode (oawwer heftiche Uwearrer) uhne Probleme ean ihrm Schneckehaus afach aussetze. – Bei eus Männer eas doas leider ganz annerscht. Eam Vergleich zou de Weibsleut misse mir eus als Nacktschnecke begreife, däi alle moralische Eanflüss schutzlos ausgeliwwert sei. Un weil mer kaa Häusche hu, fehlt eus aach de Sicherungskaste. Deshalb sei mir gezwunge, eus grondsätzlich ostännich se orientiern. Mir misse eus joa met eusem Geweasse arrangiern un domet hu mer eam Geschlechterzores ganz klar die schlächtere Koarte.

Met dem Verständnis lesst sich übrigens etz aach erschläiße, wäi die weiblich Psyche eawwerhaapt zou ihrer besonner Struktur kimmt, wieso sich däi also evolutionsmäßich entwikkelt hot. Weje ihrm ›Sicherungskaste‹ hu die Weibsleut ean ihrer Entwicklungsgeschicht ihr Geweasse nadierlich kaum gebraucht. Un woas ean de Evolution neat gebraucht werd, doas verkimmert un mächt domet, wann de aalt Darwin Rächt hot, gleichzeirich Platz fier woas annersch. O der Stell entwickelt sich also sofort doas, woas als un als gebraucht wird, un woas deshalb expandiern muss. Mir ahne's schun: Gefeuhle un Affekte! Dovo hu die Weibsleut dann letztlich, wäi mir joa aus euse ajene Erfahrunge bestätiche kenne, eaw-

werich genunk entwickelt. Zou Laste vo em verkimmerte
Restgeweasse, woas mer ean seiner Bedeutung vielleicht met
annern entwicklungsgeschichtliche Eawwerbleibsel – wäi d'm
Steißbaa oawwer d'm Blindoarm – vergleiche kann.

Liieb-liing

*(Es git of de Weanter zou, un säi will, deass he ihr däi gruß stachelich
Agave wearre ean de Kealler trät. Es eas ihr Agave. E fett Monstrum,
doas se aus em Oablejer grußgezeh hot, der aus irgendaam verflossene
Urlaab stammt. Desweje kann se sich aach neat trenne – woas aus sei-
ner Sicht längst schun Zeit geweast wir.
Se waaß, deass he doas Deank neat leire kann un deass e's fier e
Zumutung hält, den schwiere Küwel doerim se wuchte, un sich immer
debei steache se losse. Jed Johr des Gleiche. Säi mächt em also die
Hausdier of, wäi e vo der Earwed haamkimmt un benotzt dobei den
Aacheofschloag, der ean Männerkepp sämtliche Hoffnunge of amol
zoum bleuhe brengt.)*

SÄI: Hallo, mein Schatz, do seiste joa endlich.

ER: *(stutzt)* Woas eas'n?

SÄI: Nix, aech hu nur of dich gewoart.

ER: So.

SÄI: Ja, es eas doch schie fier so e schwach Fraache, wann se
ihrn stearke Mann dehaam hot.

ER: So, so.

SÄI: Ja, aech hu eus aach Rumpsteaks gehällt, däi mach aech
eus noochher.

ER: *(freut sich)* Klaooc!

*(Wäi er ean die Schloofstubb git, im sich imsezäihe, rifft säi ihm aus'm
Flur flötend nooch.)*

SÄI: Liieb-liing!

ER: *(freut sich immer noch un flötet sereck)* Ja-ha!

SÄI: Kannst du mer gleich emol woas Schwieres hewe healfe?

ER: *(feuhlt sich ean seiner Mannesehre ogeschwätzt)* Eija, freilich.
Woas willste dann mache?

SÄI: Ei, du waaßt doch, aech hu doch do den schwiere Küwel,
den aech goar neat allaa hewe kann.

Er: *(als noch ahnungslos)* Woas dann fier en Küwel?
Säi: *(wäi uhne Problembewusstsei)* Ei, der eam Sommer immer häi draußte vir de Dier stit.
Er: *(entsetzt)* Dei Agave. Des Monster!
Säi: *(wäi wann's kaa Alternative geeb)* Ei, du seist doch steark, du kannst doas doch.
Er: *(weil e merkt, deass e neat mieh sereck kann)* Saa emol, kann doas sei, deass du mich häi groad wearre nooch Strich un Foarrem eangeweckelt host?
Säi: Merkt mersch?
Er: *(empört)* Ja, schamst du dich neat? Met so em Aacheoffschloag se operiern. So woas vo oabgebreuht. Doas mächt mer doch neat. – Also, ich muss schun saa.
Säi: Jeder, wäi e halt kann.

Während mir Männer eus o euse ajene ethische Standards oabearwe, merke mir nur ganz langsam – vielleicht oawwer aach goar neat –, deass eus Appelle of e ganz anner psychisch Modell treaffe, woas wesentlich weandschnitticher eas wäi eus ajenes. Un weil doas fier eus eam Grond goar neat se fasse eas, hu mir besher neat gelearnt, domet gescheit serächtsekomme. Mir denke dozou immer des gleiche: ›Doas kann doch goar neat sei!‹

Die weiblich Psyche verstit's oawwer tatsächlich im e Vielfaches besser, Konflikte, däi durch Skrupel un Selabstzweifel entstieh kennte, schun se kontrolliern, bevir se sich vollstännich entwickelt hu. – Sofern se dann eawwerhaapt eam Blickfeld oftauche. Mir deffe also neat vergeasse, deass mir häi eawwer Probleme noochdenke, däi fier Weibsleut eigentlich goar neat wirklich existiern.

Er: Grußer Gott, woas en Oabgrond. Doas eas joa nirrerträchtich eam Quadrat.
Säi: Ja, so sei Weibsleut halt emol.
Er: Ahja? Do kannste mol seh. – Etz saa emol, schamt sich dei Geschlecht dann wenigstens ob un zou dofier, deass es so – aech waaß goar neat, wäi ich saa soll – so unmoralisch eas?

Säi: Naa, es gebt aach kaan Grond dofier, sich irgendwäi, – ähm …

Er: … se rechtfertiche?

Säi: Ja, genau. Doas woar mer neat eangefalle. Mir Weibsleut hu doas sosesaa met of de Wäg gekrit – vo hieherer Stell. Doas geheart zou euser Grondausstattung.

Met moralische Appelle eas häi also goar naut ausserichte, so viel eas geweass. Wann mir eus oawwer ean so Situatione immer nur entrüstet oabwenne un fortgieh, wern mir doas Problem nadierlich neat lus. Es eawwerfällt eus dann ständich wearre hinnerrecks. Un so kimmt's, deass sich mittlerweile eam gesamte männliche Geschlecht e Fassungslosichkeit braat gemoacht hot – met Rächt braat gemoacht hot –, däi o Resignation grenzt. Woahrscheinlich denkt de a oawwer anner vo eus (ganz stell fier sich) aach schun dro, bedingungslos se kapituliern. Un wann mer eus vo häi aus emol nüchtern die Auswirkunge of die Kräfteverhältnisse zwische de Geschlechter betroachte, kenne mer vo em ogemeassene Ausgleich fier eus köperlich Eawwerlejenheit nix mieh entdecke. Vielmieh sei die ursprüngliche Machtverhältnisse domet woahrscheinlich eans genaue Gejedaal verkihrt woarn. – So sieht's aus.

Etz wolle mir eus o der Stell nadierlich neat de Verzweiflung eawwerlosse un des Hannduch schmeiße. Erschtens git's eus joa häi virläufich noch im e realistisch Situationsanalyse un zwaatens eas eam Ogesicht vo so em ka tastrophale Befund nadierlich eus Standhaftichkeit gefreegt. Mir bleiwe deshalb diszipliniert om Ball un eawwerleje erscht emol, ob mir den grondsätzlich bedreckende Verhältnisse neat aach woas Positives oabgeweanne kenne. – So unmöglich scheint doas goar neat se sei. Wann mir eus z.B. nur emol fier de Unterhaltungswert interessiern, den doas psychische Spezialmodell so eam Alldoag ganz zwangsläufich met sich brengt. Inner dem Aspekt hot des richtiche Leawe nämlich mieh se bäire, wäi jed Theatersteck. E Psychologie, däi of so e Oart sealbstgefällich eas, zeicht joa ihrn ganze Aberwitz offe her, während se ihr schlächt kaschierte Reckzugs- un Fluchtmanöver huknäsich fier herrschaftliche Sonndoagsspaziergäng ausgebt. Häi werd sich virnehm durch Tapetediern gezwängt, däi schun ganz oabgegreaffe sei, un wann de offizielle Besuch die falsche Frooche stellt, kann mer sich nutfalls sogoar – uhne Imschweife un ean voller Montur – bedenkelos durch des Keallerloch veroabschiede.

Während so vielleicht om Haapteangang die Gläubicher klingele un amtliche Dokumete ean de Bräibkaste stecke, kenne mir des weibliche Leawe (psychisch geje solche Erschütterunge bestens gerüst) wäi wann naut wir durch sämtliche Hinnerdierchen monter doherspaziern seh. Doas hot doch woas. Häi gebt's of jeden Fall viel se bestaune. Vir allem däi ungerührt Sealbstgefällichkeit, ean der e ganz weust Komik nur met em imense Offwand kaschiert wern kann, hot woas Elektrisierendes. Beim Zougucke traut mer sich z.B. neat, ugezwunge un schallend afach lusselache, weil aam irgend woas warnend sereckhält. Wäi wann aam als Zaungast eam nächste Moment schun wearre die scheier Fassungslosichkeit packe un of die Knäi zwinge kennt. Dodraus ergeawwe sich kriwweliche Gefeuhlszoustenn, däi sich ofschaukele, eus haaß un kaalt durchlaafe, un wäi ean er Oachterboh metreiße, im eus letztlich dann doch irgendwann ean e befreiendes Gelächter se entlosse. Häi hu mer e Schauspill vom Allerfeinste vir eus, ean dem (aus de Grilleperspektive betroacht) en Erlebniswert steckt, den mir goar neat huk genunk eanschätze kenne.

Freud?
(Se hu gout geschloofe un setze om Kaffidesch.)
SÄI: Haut Noacht hu ich doch woas getraamt, also so woas!
ER: Woas dann?
SÄI: Aech hu getraamt, en Stier hätt mich verfolgt.
ER: Oachjoah.
SÄI: Joaoah! – Kearle, Kearle, aech saa der weirer naut.
ER: *(schmunzelt noochdenklich)* Woas hätt wähl de aalt Sigmund

Freud dozou gesaht?

SÄI: *(met gerunzelter Stirn)* Der? Der wir aach gelaafe.

Ja, sicher doch. Mer muss sich sei Leawe joa neat noch komplizierter mache, wäi's sowieso schun eas. Un wann die Osprich neat vo sealbst wearre verschwinde, dann gebt die Psyche de entsprechende Automat neat mieh frei un es bleibt halt dunkel.

Neirisch misse mer oerkenne, deass doas ean de weiblich Natur irgendwäi klasse eangericht eas. Dovo sellte mir Männer eus dringend woas oabgucke. E bessche mieh Sealbstschutz un en grissere Spillraum fier des Lostprinzip kennt eus wirklich naut schoarre.

Des breachende Aache

SÄI: Aech hu getraamt, Kearle, Kearle, doas woar ganz schrecklich! Aech hu getraamt, du wirscht gestoarwe, un aech hätt der des breachende Aache zougedreckt.

ER: *(fassungslos)* Des breachende Aache zougedreckt!

SÄI: *(verwonnert)* Eija. – Woas'n?

ER: Noja, aech hätt etz gedoocht, du häst ean deim Traam wenigstens oabwoarte kenne, bes es ganz gebroche woar.

Also gout, doas woar etz vielleicht e Extrembeispill. Es werd oawwer aach häi deutlich, wäi konsequent die weiblich Psychologie funktioniert un domet schwächere Systeme lang fristich zermürht, auchöhlt oawwer eans Liere laafe lesst.

Eansoweit misse mer also doch wearre schmerzlich feststelle, deass mir Männer häi afach o de Grenze vo euse Moglichkeite ogelangt sei. Un doas häßt leider aach: Wann mir eus immer nur weirer o eus Grillephilosophie klammern un eus z.B. domet tröste wellte, deass mir joa genauso brutal traame kenne, woas mir wolle, dann deet doas doch schun oarg o des ›Peife eam Waald‹ erinnern.

Während mir oawwer häi etz inner dem deprimierende Eandruck noch versuche eraussefeanne, woas doas fier eus

71

bedeut, merke mir immer eandringlicher, deass eus e ugout
Gefeuhl beschleicht. Mir freeje eus, oab doas letzte Beispill
tatsächlich extrem ausgefalle eas. Misste mir neat groad do-
draus woas ganz annersch entneamme?

Git's ean den ständiche Ausenannersetzunge met de
Weibsleut neat immer aach ims Ganze? Eas es neat so, deass
de Geschlechterzores en Zoustand eas, der viel Ähnlichkeit
met em archaische Kampf ims Eawwerleawe hot? Geng's
neat unbemerkt aach ean euse besheriche Betroachtunge
immer schun im ›alles oawwer nix‹? – Im Sieg un Inner-
werfung, im Herrschaft und Macht?

Groad weil die Weibsleut eus immer woas annersch glaawe
mache wolle.

Hamlich Herrschaft

Die Hose o
ER: *(vordernd)* Willste neat endlich emol ofange un hearn,
wann aech der woas saa?
SÄI: *(leise, gelassen un sich ihrer Position völlich sicher)* Naa.
ER: So ...

Ean so em kurze Hie un Her eas eigentlich schun alles
dreann. Es drängt sich jedenfalls kaan ernsthafte Zweifel
mieh eam Bezug of die Frooch of, wer häi die Hose wirklich
o hot. Un däif eam Hearz harre mir Männer doas joa aach
schun lang geahnt.

Des Schmerzlichste o der Geschicht eas allerdings wearre,
deass haut die tatsächliche Machtverhältnisse immer ugenier-
ter ausposaunt un eus Geschlecht domet blußgestellt werd.
(Die Parallele zoum letzte Obschnitt sei unverkennboar.)
Doas goabs freuher so neat, so woas woar tabu. Un etz plötz-
lich doch. Wäi en Blitz aus heiterem Himmel meatte eans
Pro-forma-Patriarchat. So, wäi wann eus des Schicksal sealbst
– ganz kurz – alle Lichter ogemoacht hätt, domet mir die
nackich Wohret vir Aache hu. Fier so woas sei mir Männer
doch goar neat gebaut un ausgerüst.

Mir sellte eus doas oawwer noch emol genauer o em annern Beispill aus em ganz gewöhnliche mittelhessische Haushalt ogucke:

Er esst zwar gern Sopp, oarg gern, im genau se sei, zeicht oawwer e fast schun allergisch Oabneigung gejeeawwer Petersilie. Un säi liebt nadierlich Petersilie. Eam Koardoffelseloat, of'm Brut, eam Sträußche aus de Hand, vo jedem Noochberdeller un nadierlich ean de Sopp.

Noochdem se sich johrelang o der Petersiliefrooch met gejeseiriche Missionierungsversuche oabgeearbt hu (es hot nadierlich aach die Erkenntnis naut genotzt, deass Petersilie ean solche Menge gesundheitsschädlich sei kann), find der Konflikt irgendwann ean er Oart Waffestellstand sei Enn: »Also gout, dann mach aech der kaa Petersilie mieh ean dei Sopp«, wubei die Betonung eindeutich of ›dei‹ leit, woas oawwer ean Ordnung eas.

Aan schiene Doag also schmeckt em sei Sopp irgendwäi wearrerlich un noch bei de erschte Läffel merkt he, wudro doas leit. Säi hot wearre Petersilie (ganz fei gehäckselt: Zoum Test!) innergemengt. – Nadierlich hot se ihn schun die ganz Zeit aus de Aachewinkel beowoacht, wäi e die Stirn ean Faale gelegt un hukbaanich gekaut hot. Un wäi he säi endlich virwirflich oguckt:

SÄI: Woas guckst 'n so?
ER: Freeg neat. Du waaßt ganz genaa, woas lus eas.
SÄI: Aech will weasse, ob du's aach waaßt.

Immer häuficher wern eus die tatsächliche Herrschaftsstrukturn deroart provozierend virgefuhrt un immer häuficher laafe die Interesse dann so spetz zou, deass die Atmosphäre ofingt se knistern. Genau dann werd aach jedesmol deutlich, wäi wackelich des Rest-Patriarchat ean Mittelhessen zwischezeitlich dostit.

Oarg leicht eas scheint's nur noch der dinne Schleier, der die nackiche Tatsache bedeckt. Schun klennste Klaanichkeite oawwer Zoufäll kenne däi zoart Verhüllung ofhewe. Vielleicht en klaane Weandstuß, weil imetz des Feanster offgelosse un Durchzug gemoacht hot.

Es kimmt Besuch
(Säi eas drim bemeuht, deass he ordentlich aussieht. Se mächt em en Fussel vom Hemb oab, säht: »Du musst aach wearre emol bein Frisör gieh«, oawwer:»Bleib emol stieh, du host woas ean de Uhrn.«)
ER: Woas mächste dann als o mer erim?
SÄI: *(erstaunt, fast empört)* Ei, aech kann doch o dir erimmache.
Du seist doch mein Mann.

Wäi gesaht: Aan Weandstuß un mir stieh vir de schockierende Tatsache un misse däi Ernüchterunge aushale, däi domet verbonne sei. Woas ean der Oart ganz offe zoum Ausdruck kimmt, grenzt nämlich (un dodro gebt's naut se beschöniche) o Leibeigenschaft. Oawwer stoatt deass mir Männer ean so Situatione alarmiert of die Barrikade genge, im sosesaa wenigstens formal Zucht un Ordnung se hale, sei mir sofort debei, den Durchzug wearre ewegsekrieje, der des Schleierche ogehowe hot. Schneall wern irgendwelche Neaweschauplätz offgemoacht un Ersatz-Scharmützel lusgetreare, däi winger gefiehrlich sei. Dann lesst sich (ersatzweis) prima dreawwer zenke, »wer des Fenster eigentlich schun wearre offgelosse hot« un es brach eawwer de Sitteverfall kaa Woart mieh verlorn se wern. Offensichtlich sei baare Seire ganz steark drim bemeuht, inner dem Schleier irgendwäi des Gleichgewicht zwische de offizielle un de tatsächliche Machtverhältnisse se hale.

Doas stelle Eanverständnis (deass däi Zoustenn neat ean offene Eawwerheblichkeite un schändliche Hochmut ausoarte deffe) scheint dobei oawwer trotzdem mieh un mieh sei Bedeutung se verliern. Immer wearre breache sich die nackiche Tatsache ukontrolliert Boh.

Spaziergang eam Waald

SÄI: Woas woar dann doas eweil, woas do so steif eawwer de Wäg gemoacht eas? Doas kann doch kaa Rieh geweast sei, däi laafe doch ganz annerscht – oawwer?

ER: Aech hu naut geseh.

SÄI: *(schwätzt noochdenklich weirer, mieh vir sich hie)* Woas kann doas oawwer geweast sei, wann's kaa Rieh woar. Noja, doas werd vielleicht so en steife Bock geweast sei.

Mir misse häi also durchaus eanseh, deass mer ean die Unsäglichkeite vo dene Fehlentwicklunge däif un grondsätzlich verstrickt sei. Un domet eas aach klar, deass mir neat nur e Problem domet hu, wann die Weibsleut die ugeschreawwene Gesetze missoachte un met ihrer Virherrschaft öffentlich doherschwadroniern. Aach met der Virherrschaft o sich sei mir joa noch nie richtich serächtgekomme. – Während mir allerdings die ganz Zeit nooch Kräfte verdrängt hu, sei mer offensichtlich weit hinner de Entwicklung sereckgebleawwe. Es git mittlerweile nur noch drim, eus de totale Gesichtsverlust se ersparn. Woas sich nadierlich do om deutlichste zeicht, wu die Machtverhältnisse fier alle Beteilichte sowieso klar sei.

Die Sexualhoheit leit, wäi mir bereits weasse, eindeutich bei de Weibsleut. Häi mächt sich woahrscheinlich eus animalisch Oabstammung noch bemerkboar. Ean de Natur eas joa eawwerall noochseweise, deass es letztlich immer die Weibchen sei, däi bestimme, wer deaff un wer neat (un nadierlich aach wann – un wann neat). Doas eas alles bekannt, seit de Charles Darwin doas entdeckt hot, un es eas aach ean de Zwischezeit immer weatre innersucht un jedesmol nau bestäticht woarn.

Mir menschliche Männchen kenne eus eansoweit zwar noch e bessche domet tröste, deass mir wenigstens neat gleich denooch ofgefreasse wern, wäi bei de Speanne, oawwer masseweis dutgestoche, wäi bei de Bie. Doas helft eus allerdings ean euser Nut neat wirklich weirer.

75

Des weibliche Beckenbodensystem
(Se setze virm Fernseh, bes zou de Noochrichte sei's noch e poar Minute. Ihm eas langweilich, un außerdem werd he vo sexuelle Owandlunge haamgesucht. Es läft irgend e Werbung eawwer urologische Geschichte un des ›weibliche Beckenbodensystem‹.)

ER: Do wollte mer eus doch aach wearre emol drim kimmern.

SÄI: Im woas?

ER: Ei, im des weibliche Beckenbodensystem.

SÄI: *(Guckt ihn o, uhne a Mien se verzäihe un säht kaan Ton. Se guckt oawwer so – irgendwäi versteinert un ukenntlich –, deass he neat waaß, woas säi zou seim Otroag denkt. Un dann guckt se afach wearre weg.)*

Häi hu mer sosesaa e Lihrbeispill fiersch zwischegeschlechtliche Herrschaftsverhale vir Aache. Säi vergebt ihr Gunst! Oawwer aach neat. Donooch wern alle Auern gestellt.

Nadierlich spiert se dobei ganz genaa, deass se alles ean de Haand hot. Se kann ganz cool o ihre feine Machthewelchen spille un ihn aach (völlich uverbindlich un nooch Beliewe) e bessche zappele losse.

(Fünf Minute speeter, es sei immer noch kaa Noochrichte un die Werbung stit – jedenfalls ean seine Aache – immer noch ean em deutlich erotische Kontext.)

ER: *(mieh, im en Spass se mache)* Wolle mersch emol eam Kichefeanster mache?

SÄI: *(halb empört un met em Ausschnaufe, woas Souveränität ausstrahlt)* Hä?

ER: Wolle mer?

SÄI: *(lacht, e bessche speackich, oawwer immer noch sealbstsicher vo owe eroab)* Hähä, joa. *(woas woahrscheinlich nix annersch bedeut wäi: So siehst du aus!)*

ER: *(e bessche verunsichert un e Chance witternd)* Willste?

SÄI: *(ganz entspannt un so, wäi wann se gleich die Haand zoum Haandkuss ausstrecke deet – uhne de Blick vom Fernseh oabsewenne un nooch er klaa Kunstpause –)* … Naa.

Mir misse doas sensibele Thema oawwer häi diskret verlosse. Schließlich losse sich die Herrschaftsverhältnisse zwische de Geschlechter aach ean annern Bereiche ofzeiche. Eam Haushalt z.B., wu mer gedanklich doch groad schun emol ean de Kich woarn.

Desch decke
(Des Easse eas feardich.)
SÄI: Kannste emol de Desch decke?
ER: Mach aech. Däi Platzdeckchen kann ich joa afach of die Deschdeck leje?
SÄI: *(energisch)* Na, na, na! Die Deschdeck kimmt oab. Aech glaawe's git lus.
(nooch dem Easse, während säi oabrammt)
ER: Soll aech die Deschdeck wearre of de Desch leje?
SÄI: Wann de de Desch virher oabgebotzt host?!
ER: Maanste neat, doas wir e bessche viel Ofwand, als droff un wearre weg?
SÄI: Naa, naa, naa.

Des Machtgefälle eas unstrittich, die Verhältnisse sei völlich eangefoahrn un stabil. Un doas werd sogoar noch deutlicher, wann he ofingt un woas geje ihr Ordnung säht. Wann e z.B. ajene Virstellunge ean de Kich entwickelt (däi rein theoretisch joa aach sei Kich eas) un ean aam vo de Schränk emol woas ännern will.

Geschirrstapel
ER: Wann mer häi a anzich Schissel brauch, misse immer zehe annern Schissele ean die Haand genomme, dorimgehowe un ausenaa gefriemelt wern. Kann mer do neat emol e poar fortschmeiße oawwer ean de Kealler traa? – Muss doas sei, met dene ganze Geschirrstapel?
SÄI: Ja, doas muss sei.
ER: Oach. – Un woarim?

Säi: Weil aech doas so will. Brabbel mer neat als häi ean meiner Kich erim.
Er: So. – Doas muss häi also immer alles so laafe, wäi du doas willst. Un wann's noch so schrullich werd.
Säi: *(ganz rouhich un souverän)* Ean jedem goure Haushalt eas doas so!

Deass mir Männer ean euse Beziehunge tatsächlich die Innerdreckte sei, während vo de Weibsleut ean offizielle Diskussione mierschtens des genaue Gejedaal behaapt werd, dovo kenne mer wähl ausgieh. Woahrscheinlich däint ihr üblich Lamediererei aach nur dozou, die wirkliche Verhältnisse se verschleiern.

Un woas mir dozou noch festhale misse: Weibsleut verhale sich aach Doag fier Doag strategisch, im ihr Machtpositione se stabilisiern. Es scheine klare Konzepte se bestieh, met dene mir Männer o de Kandare gehale wern. Doas werd eam Alldoag rejelmäßich eawwerseh. – Jedenfalls vo eus Männer.

Kaffi eanscherre
(Es eas Samsdoagmoejend, se hu ausgeschloofe, die Sonn scheint. Beim Kaffitreanke eas alles ganz entspannt.)
Säi: Soll aech der noch Kaffi eanscherre?
Er: Joa.
Säi: *(Se nimmt die Kann, stockt oawwer dann, meatte ean de Bewejung, un stellt se wearre hie, uhne eangeschett se hu. Ihr eas scheint's woas eangefalle.)* Aah! – Aech wollt joa aach noch bies sei, weil du die Speulmaschin geastern neat ausgerammt hast.

Wer doas als e rigoros Disziplinierungstechnik begreift, der leit woahrscheinlich goldrichtich. Nur: Welcher Mann reachend met so woas? – Mir sei mierschtens völlich baff un wäi paralysiert, wann so e gestreng Regiment urplötzlich aus de Kasern ausreit un deroart herrisch un dreist im sich greift, im e Exempel se statuiern, oawwer afach nur emol sein Wille durchsesetze.

Misste mir eus neat ganz dringend un ernsthaft met de Frooch beschäftiche, woarim mir eus ean solche Situatione neat wihrn?

Woarim wern solche Ungeheuerlichkeite vo eus Männer ignoriert oawwer eawwerseh? Wu kimmt eus geschlechtsspezifisch Beißhemmung her? Woas mache mir o der Stell met euser Sealbstachtung un eusem ajene Führungsospruch? Wu bleiwe eus klassische männliche Rollebilder, die Chef-Allürn un die Platzhirsch-Mentalitäte ean so Situatione? Wenigstens freeje wern mer joa wähl noch deffe.

Geburtsfehler

So richtich un ganz verstieh kenne mir doas nur met e bessche mieh Oabstand. Es hängt nämlich domet sesome, deass alle Mensche (also baare Geschlechter) ausschließlich vo aam Geschlecht geborn wern. E Tatsach, däi sealbstverständlich goar neat uhne weitraechende Konsequenze bleiwe kann, eawwer däi mittelhessische Männer oawwer trotzdem nie stolpern. Während's die Weibsleut eansoweit afach hu sesomesehale, sich aus ihrm ajene Sealbstbild eraus se definiern, un sich ihrer Identität sicher se sei, erwoase eus Männer dodraus nämlich traumatische Verhältnisse.

Beim erschte schwiere Bruch ean jedem menschliche Leawe, wann mer geborn werd, eas fier eus Buwwe schun kaan Voatter als Geochlcuhtsgnosse greifboar. Eam beste Fall stit he, wäi des fünfte Road om Waa, debei, ean irgendaner Eck erim, un guckt wäi en junge Vuchel, der groad aus'm Neast gefalle eas. Als Identifikationsfigur en völliche Ausfall. Viel woahrscheinlicher eas oawwer sogoar, deass außer Weibsleut eawwerhaapt niemetz se seh eas. – Vo klaane Entchen, däi ean em Brutkaste ausgebreut woarn sei, waaß mer, deass däi sich met genau dem identifiziern, woas se als erschtes ean ihrm Leawe se seh krieje. Ob doas en emaillierte Wasserkessel eas, den mer o ihne vorbeischwemme lesst oawwer en aale

Fußball, ganz egal. Se laafe oab dem Zeitpunkt ihr Leawe lang dehinner her un denke immer nur ans: ›Du seist mei a un alles, dir gehearn ich o, so wäi du will ich aach wern.‹

Woarim glaawe mir eigentlich, deass menschliche Verhältnisse dovo irgendwäi gronsätzlich innerschaare wern kennte? Mir funktioniern nooch de gleiche Prägungsmoster. Aach mir erfoahrn durch eus Identifikationsfigurn, wer mir sei un woas mir sei. Un so wäi manche Entchen met dem Spleen leawe misse, se wirn so woas wäi en aale Wasserkessel, git's eus Männer woahrscheinlich all minaa. Eus ganz männlich Leawe muss sosesaa vo Ofang o met em gravierende Identitätsmanko serächtkomme, woas alle Bedingunge fier e schwier Trauma ean sich trät.

Die Weibsleut begreife's nadierlich neat als ihr Problem, deass solche elementare Belastunge of eus Männer leije. Däi gieh met dem strategische Vordaal, der ihne durch so e ausgeliwwertes männliches Niemandsland ean de Geburtssituation wäi of em Tablett serviert werd, gleich ausgesproche weitsichtich im un kloppe sofort die Machtstrukturn eam Geschlechterverhältnis fest. Se benotze also eus Hiflosichkeit völlich sealbstsüchtich als e Oart Fundament un baue direkt ihr hamlich Herrschaftssystem droff of.

Eus männlich Identität werd demnooch schun eam Keimstadium, bevir se sich eawwerhaapt richtich entwickele kann, manipuliert. Mer kennt aach drastischer formuliern un saa: Mir hu die Galeerekette schun im, bevir mer de Schnuller sealbst hale kenne. (So geseh erweckt des Geschlechterverhältnis en zimlich naturalistische Eandruck. Wann aach de Schwächere vom Stärkere häi neat afach ofgefreasse, sondern ganz fürsorglich innerwoarfe werd.) Mir klaane Buwwe wern zwar eindeutich eam Matriarchat geborn, krieje oawwer vo Ofang o zwische de Zeile irreführend souffliert, »du seist de Chef«. – Woas e Hypothek!

Un so lang, wäi die Weibsleut eus ean dem unofgelöste Zwiespalt hale kenne, komme mir eam Geschlechterzores of kaan greune Ast.

Es eas schun irgendwäi zoum Verzweifele. Weil eus

Männer of däi Oart e stimmich un durchgängich Sealbstbild fehlt, eawwer doas mir eus met euse Geschlechtsgenosse verständiche, un woas mer dann aach gemeinschaftlich geje weibliche Herrschaftsstrategieje verteidiche kennte, hänge mir psychisch fest. Wäi ean em aale griechische Drama. Of de a Seit kenne mir eus neat zou er gescheit Solidarität inner eus Männer durchringe, weil eus geburtsfehlermäßich dozou woas fehlt. Of de anner Seit misste mir eus, wann mer eus der defizitär Zwangsstruktur schicksalhaft ergeawwe wellte, ean die Rolle vo allseits belächelte Pantoffelhelde eangewiehne, wudro eus, Gott sei Dank, bes haut euse Stolz gehinnert hot. Häi hängt's bei eus. Doas eas de seelische Knote, der verhinnert, deass mir eus eam Geschlechterzores gescheit wihrn.

Die Frooch eas allerdings, oab eus däi Eansicht woas notze kann, im aus so em Dilemma eraussekomme? Mir sei halt aach, wäi mir sei un kenne neat afach aus euser Haut eraus. Es deut deshalb alles droff hie, deass e Lösung fier doas Problem annerscht ausseh muss. Mir misse woahrscheinlich learne, baares gleichzeirich eam Kopp se behale un aussebalanciern. Oflöse kenne mer den Wearrersinn joa neat, weil mer den aach fest ean eus sealbst dreann hu.

Demnooch misste mer also anerseits of euse Stolz hearn un die Integrität vo eusem Geschlecht eam Aache behale. Gleichzeirich misste mer oawwer aach eus männlich Hypothek akzeptiern un des Beste draus mache. – Doas eas neat wink. Un die Konsequenz dodraus eas, deass mer ean dem verweckelte un weitgiehend unbewusste Versteckspill immer wearre erimfalle wäi Falschgeald un eawwer die ajene Feuß stolpern.

Die Wäschmaschin

(Die Wäschmaschin eas neat nur 13 Johr aalt, se eas aach kabutt. Fier ihn stit deshalb fest, deass doas Deank entsorgt geheart. Er kennt allerdings aach ihrn Sparfimmel.)

ER: Ob sich doas lohnt, däi nochemol mache se losse? Do kimmt doch die Bräu eawwer die Brocke.

Säi: *(weil se bei ihrm Auto emol so woas geseh hot)* Vielleicht eas es joa nur de Keilrieme.
Er: *(denkt sich: ›Aech hu's gewusst!‹, säht oawwer)* Also gout, aech gucke emol denooch. *(E schraubt die Reckwand oab, de Keilrieme eas gaanz, mer sieht naut, wudro's leije kennt. Vielleicht gebt se joa etz Rouh.)* De Keilrieme eas gaanz. De best schmeiße mersche of de Müll.
Säi: Mir misste vielleicht doch emol denooch gucke losse. Ich ruffe emol o. Mir hu doch noch däi anner aalt Maschin eam Kealler stieh. Däi geng doch aach noch.
Er: Ja, wäi lang eas doas dann schun her, deass däi noch geng?
Säi: Ei, doas waaß aech doch neat. Däi git of jeden Fall noch.
Er: Die Frooch eas doch, ob sich's noch lohnt, en Reparaturdienst komme se losse.
Säi: Aech ruffe emol o.
Er: *(hatt schun so woas geahnt)* Also gout, dann loss aech doas Deank eam Kealler offgeschraubt stieh. Ja? – Du riffst o, ja?
Säi: *(pikiert)* Ei, hu aech doch gesaht. Aech mache doas schun.

Woas bleibt ihm eawwerich? Mir seh, deass es kaum möglich eas, de übliche Zirkus zwische de Geschlechter se imgieh.

E transportiert doas Deank also ean de Kealler un stellt's do ean de Flur (wu schun neat viel Platz eas), hällt doas anner antike Gerät aus de hinnersch Eck, mächt die Speannwewe oab, earbt's met em Sackkearn die Trepp enoff un schläißt's o. De Schlauch wirkt zwar porös, mer waaß aach neat, ob die Dichtung ean de Dir noch metspillt, beim Schleudern rappelt's verdächtich, oawwer:

Säi: Däi git doch noch, däi eas doch noch gout …
Er: Lang woahrscheinlich neat mieh.
Säi: Woas du als host.
(ugefiehr zwie Monat speeter)
Er: Hoste weje de Wäschmaschin ogeruffe?
Säi: *(schnippich:)* Ei, aech wern doas schun mache.

(noch en Monat speeter)
ER: Die Maschin stit als noch.
SÄI: Aech hu alleweil kaa Zeit.
(Noch en Monat git eans Land, de Schlauch o dem aale Familiesteck eas tatsächlich besher neat geplatzt.)
ER: Aech waaß joa neat ob's Sinn mächt, dich noch emol weje de Wäschmaschin se freeje. Eweil wir schie Zeit ...
SÄI: Eweil setz aech häi un lease. Vielleicht ruff ich moarn o. Etz stei aech neat of, nur weil dir doas groad eanfällt.

Fier wirklich Ubeteilichte, däi die Verhältnisse objektiv vo auße ogucke kennte (also z.B. fier e kastriert Marsmännche), wir häi völlich klar, woas säi eam Hinnergrond vo seiner Balanciererei vir e sealbstherrlich Regiment führt. Oawwer mir beteilichte un verweckelte Männer nadierlich, mir hearn noch droff, wann eus die Weibsleut dozu erkliern, doas wir goar neat so. Es wir sogoar genaa annerscht erim. Also ugefiehr so:
»Eigentlich wir alles ean Ordnung, wann he sich neat ean alles eneannhänge un ständich o ihr erimzärjele deet. Stoatt säi ean Rouh se losse, weil se joa gesaht hot, deass se orifft, mächt er als un als o ihr erim. Wäi o em klaane Keand, woas mer als freeje muss, ob's die Schulofgoawe gemoacht hot. Wann he se nur ean Rouh losse deet, dann hätt se doas schun längst gemoacht ...« usw.
Un so mächt doas ganze schreeche Versteckspill eus Männer schier wahnsinnich. So, deass mir zoum Schluss naut mich weasse, woas uwe un woas onne eas oawwer wer mir dann sealbst sei beziehungsweise wer oawwer woas mir selbst neat sei.

Du hearscht neat zou
(om Enn vo em lange Gezänk, woas sich immer wearre eam Kraas dreht)
ER: Du hearscht eawwerhaapt neat, woas aech saa. Mir schwätze häi ständich oenaa vorbei, weil du noch neat a

anzich Mol geheart host, woas aech schun zoum x-te Mol
eroabgeleiert hu.
SÄI: Also gout: Hearr zou!

No bitte. Se will sich eigentlich nur sealbst zouhearn. So
woas lesst doch wirklich kaa Wünsche mieh offe – oawwer?
Deutlicher brauche mir doas doch aach als Männer neat vir
Aache gestellt se krieje, im se erkenne, wäi däif mir ean däi
Unsäglichkeite met euse ajene Interesse verstrickt sei. Un däi
Stricke scheine eus uglecklicherweis all minaa groad vir de
Aache herselaafe, sodeass mir immer wearre aach Zouge-
ständnisse mache, däi mir eusem Stolz eigentlich neat zou-
moure deffte. Mir losse eus häi en Wearrersinn im die Uhrn
haache, den mir inner annern Imstenn nie akzeptiern deere.
Un während mir eus ofreje un beim Balanciern halb aus de
Spur gerore, merke mir nur ganz om Rand (sosesaa halb
unbewusst), deass mir eigentlich völlig eawwerfärret sei un
deass mir deshalb jed Oart vo Berouhichung – jed gedanklich
Fluchtmöglichkeit aus dem Balancier- un Versteckzirkus –
gern oneamme un wirklich alles oabnicke, woas eus dozou
ogeboarre werd. Es stört eus dann z.B. goar neat weiresch,
wann eus die billichste Scheinlösunge ausgereachend vo der
Seit virgelegt wern, däi doas ganze Chaos beherrscht un stän-
dich nau inszeniert.

Doas git schun
(Se hot scheint's met ihrer Freundin Ella telefoniert.)
SÄI: Wann de Otto un die Ella eus etz emol eanloare, dann
misse mer do ubedingt aach emol hiefoahrn.
ER: Wäi soll doas dann gieh met der ganz Earwed, däi aech
groad me'm Holz hu. Do eas doch eweil goar kaa Zeit fier.
SÄI: Ei, doas mache mer emol so zwischedurch – zoum
Kaffitreanke. Dann foahrn mer do afach hie un mache
aach do gleich eusen Spaziergang.
ER: Dann eas en halwe Doag fort. Do hu aech eweil kaa Zeit
fier. Aech muss mich joa aach e bessche nooch dem

Wearrer richte. Des Holz eas eam Moment wichticher.

SÄI: *(wäi wann doas sealbstverständlich wir)* Doas git schun.

ER: Vo wäje. Un wann mer eawwerhaapt o so woas denke wolle, dann misste mer virher erscht emol däi Sache erlediche, däi mer schun versproche hu. Eus Imzugsfeier zoum Beispill.

SÄI: *(völlich ungerührt)* Doas git schun.

ER: Oawwer neat, bevir mer häi eus Feierche fier däi Leut gemoacht hu, däi eus beim Imzug geholfe hu. Doas schiewe mer schun e halb Johr vir eus her.

SÄI: Doch, doch.

ER: Naa.

SÄI: *(ganz rouhich, wäi wann se of e krank Kouh eanschwätze deet)* Doahoach.

ER: *(laut un bestimmt)* Naa!

SÄI: *(weirer ganz freundlich, gelassen un sealbstsicher)* Werscht seh.

Doas Speannenetz se erkenne, ean dem mir Männer eus immer wearre verfange, eas deshalb so schwier, weils eindeutiche Merkmale vo Mütterlichkeit ofweist. Mir feuhle eus joa aach schun als klaane Buwwe gezwiwwelt un spiern euse ajene Uwille inner Imstenn heftich ean eus ofsteije, wann mer z.B. ›schun wearre die Noas gebotzt krieje‹ solle. Oawwer gleichzeirich feuhle mir eus doch aach geborje un ofgehuwe. So wern eus Männerseele geformt un doas git dann des ganze Leawe lang naut mieh eraus.

Männer sei Wutze

(Nooch dem Kaffitreanke – er hot schun sei Geschirr ean die Kich getraat – brabbelt säi fier sich hie, während se de Desch oabwescht.)

SÄI: Mer sieht doch eigentlich immer, wu so en Mann geseasse hot. Do eas e Fraa doch ganz annerscht. Mannskearle sei scheint's vo Natur aus alles Wutze.

Un während mir ean bekannter Manier beleidicht wern, git doch de Lappe eawwer de Desch un signalisiert mütterliches

Pflichtbewusstsei und Versorgungsbereitschaft. Ganz unbewusst mächt sich domet ean eus doas aale Gefeuhl braat, woas woahrscheinlich schun vo je her alles annere dominiert hot: »Mama!« – Obwähl eus Vernunft doch eigentlich klar erkenne misst, woas häi fier en Kurs oleit, wer des Kommando führt un wer als Meuterer ogekloacht un eawwer Board gewoarfe wern kann.

Of die Knäi
(He rifft vo de Earwed aus o, weil e ean seiner üblich Hektik moejends aan heallbraune un aan dunkelbraune Socke ogezeh hot, uhne woas se merke. Un etz setzt e do un traut sich neat mieh aus seim Büro. E will ihr eigentlich nur vo seiner Entrüstung eawwer sich sealbst verzehle.)
ER: *(nooch em knappe »Hallo, aech sei's«)* Aech hatt – haut moejend harr aech wearre se speet ...
SÄI: *(innerbrecht ihn unvermittelt un heftich)* Haut noochmittoag, wann de haamkimmst, musste of die Knäi. Merrem gruße Blommestrauß.
ER: *(verdutzt)* Woarim?
SÄI: Es eas sowäiso wearre emol Zeit.

Aach neat schlächt. – Jedenfalls wird so die Theorie bestäticht, deass sich Herrschaftsverhältnisse fast immer durch e Informationsgefälle auszaechene: Säi waaß alles un he waaß nix. Eigentlich verstit he eawwerhaapt neat, woas groad wearre eawwer ihn ewegbraust. Un während e woahrscheinlich noch drim kämpft, sich wenigstens die Illusion vo em Gespräch se erhale, eas säi schun wäi e Weandbö vorbeigefägt un domet eas schloagoartich aach alles erim. E werd etz woahrscheinlich nur noch saa: »So ...« – un ofleje. Un dann wearre nadierlich noch oachtgeawwe, deass e of 'm Haamwäg die Blomme neat vergesst.

Allerdings bestit ean so em Fall fier eus Männer immerhie noch die Möglichkeit (wann aach nur illusionär) dovo aussegieh, es hätt so woas wäi en Austausch met de Fraa gegeawwe. Wer emol däi poar Zeile sereckguckt kann feststelle, deass he tatsächlich aach woas Substantielles gesaht hot. E hot e ernsthaft Frooch beigesteuert. Aach wann däi of doas Gespräch nadierlich kaan Eanfluss hatt, geschweije dann e Antwort provoziert hätt. – Manchmol werd eus oawwer sogoar noch die Illusion vo em Gespräch unmöglich gemoacht. Dann misse mir demet serächtkomme, deass euse ajene Beitroag sosesaa ean kurze Feststellunge vo ihr schun irgendwäi virweggenomme un oabschläißend behannelt woarn eas.

Noochrichte
(Säi will ihrn Krimi gucke, er setzt allerdings schun do un guckt of em annern Programm Noochrichte.)
SÄI: Du als met deine Noochrichte. Als misse Noochrichte geguckt wern. Jeden Doag Noochrichte. Du brauchst eweil neat ausgereachend Noochrichte se gucke. Moarn komme aach wearre welche.

Ihr läiwe Leut. – Mer kann's aach eawwertreiwe. Geburtsfehler hie oawwer her. Irgendwu muss Schluss sei. Eam Ogesicht vo solche herrische Eawwergreaffe treibt eus die Sealbstachtung letztlich dann doch of die Barrikade. Eus bleibt offensichtlich goar naut annersch eawwerich.

Allerdings wolle mer met Blick of euse Leitfoarrem häi neat eawwerseh, deass vielleicht erscht domet aach fier die letzte Skeptiker inner eus Männer Klarheit eawwer die tat sachliche Verhältnisse eangekiehrt sei werd. Un doas eas möglicherweise de entscheidende Impuls, den eus Geschlecht gebraucht hot. Ofgemerkt Männer: Deass mir die Wohret klar vir Aache hu, deaff eus neat deprimiern. Genau doas eas joa aach die Bedingung fier en ajene männlich Standpunkt, der domet erschtmols seit langer Zeit wearre greifboar noh eas!

Aach wann's e Zeit gedauert hot un mir den entscheidende Knackpunkt ean dem Durchenaa neat leicht entdecke konnte. Häi misse mir euse Hewel osetze.

Meast eam Kopp
(Säi hot de Kopp schwier ofgestützt.)
ER: No ... maant, häst en schwiere Kopp?
SÄI: Joa. – Denk emol o. Hot de Willi *(ihr Earwedskollech)* of de Earwed haut doch tatsächlich gesaht, aech hätt woahrscheinlich zou viel Meast dreann. Deshalb wir der so schwier.
ER: *(He wittert e Gelejenheit, Burrem gout se mache.)* Ja, denk emol o. Doas härr aech emol saa solle.
SÄI: *(erscht irritiert, dann empört un ofbrausend)* Du deaffst doas aach neat. Aech glaawe's baald. Du seist joa aach mein Mann.

Wann mir Männer eus eam Ogesicht vo solche Verhältnisse sealbst nix mieh virmache misse un strack ean de Spiejel gucke kenne, dann sei mer aach fähich, eus wearre aus knächtische Positione erausselöse.

Wer allerdings doch läiwer ean dene dumpfe Verstrickunge weirerdümpele will, ean dene e sich auskennt un ean dene e sich vielleicht aach e bessche dehaam feuhlt, der soll doas rouhich mache. Knächte hu schließlich e gerejelte Leawe.

Naturalismus
ER: Du sähst joa, mächst oawwer dann des genaue Gejedaal. Während du ›joa‹ sähst, heart mer eigentlich schun eraus, deass de als weirer ›naa‹ mache werscht. Mich mächt doas fix un feardich.
SÄI: Ei, doas mache doch all die Weibchen met ihre Männchen. Doas eas doch ean de ganz Natur so. Woas regste dich als of? Woas werscht'e dich permanent geje die Natur oflehne?

Doas krit mer dann aach noch met of de Wäg. – Allerdings sei mer domet oabschläißend groad noch emol bei dem Hinweis ogelangt, deass doas alles schun seit Darwin bekannt eas. Un wann eus Geschlecht den Imstand aach bes haut immer un immer wearre nooch Kräfte verdrängt hot, oab häi kann sich kaaner vo eus mieh of sei Ahnungslosichkeit sereckzäihe.

Letztlich muss sich also jeder vo eus zou er Antwort of die Frooch durchringe, wer er sealbst sei will. Un fier den Fall, deass mir Männer eus irgendwann doch noch gemeinschaftlich dozou entschläiße kennte, ean dem weibliche Mahlstrom im eus erim wenigstens neat uhne Gejewihr un Stolz innersegieh, fier den Fall wir aach wearre Hoffnung se scheppe.

Es werd Zeit, deass mir eus strategisch verhale, Tricks un Schliche ausdausche, genaa so, wäi die Weibsleut eus doas schun lang virmache.

Un die Moral vo der Geschicht

Etz wern mir nadierlich vo de Bedenketräjer inner euse Geschlechtsgenosse se hearn krieje: »Doas wir doch wähl e mieh wäi zweifelhaft Geschicht. Es geng häi schließlich im nichtswürdiche Strategieje, im haltlose, verwerfliche, nirrerträchtich Eanstellunge. So woas kennte mir eus (met dem Hinweis of euse männliche Ehrenkodex) neat erlawe. Wäi mir eawwerhaapt of die Idee komme kennte, eus of so woas eanselosse usw.«

»Joa, woas dann sonst!« kenne mir do nur degejehale. Es git schließlich drim, eusem Geschlecht en Rest vo Sealbstachtung se erhale. Of Orden un Verdienstkreuze wolle mer aus gourem Grond künftich verzichte, domet sei mir schun viel se lang o de Noas erimgelaat woarn. Mir misse eraus aus dene typische Männerrolle, ean dene mir zwische em weltfremde Sealbstbild un em schwindsüchtiche Duckmäusertum eangesperrt sei. Weg vo jedem lachafte Heldeklischee un der stawich Ritterlichkeit, däi längst o Don Quixkote erinnert un wäi Blei of eus leit. Un of en Heilicheschei kenne mer aach verzichte. Eam richtiche Leawe eas domet sowäiso naut osefange.

Woas hu mer dann schun gruß vir? Mir wolle eus doch nur e bessche woas vo de Weibsleut oabgucke. Woas fier däi rächt eas, muss fier eus doch billich sei. Weibsleut hu z.B. beste Freundinne, dene se alles verzehle un däi alles verstieh. Se gieh met dene sogoar sesome (me'm Haanddäschche) of de Klo un hu immer woas se tuschele. Do brengt kaan Mann aach nur e Zeitung dezwische. Also: Woarim sei mir Männer neat aach e bessche kommunikationsfreudicher innerenanner. Mir misse dobei joa neat versuche, euse männliche Charakter ofsegeawwe. Of de Klo kenne mer weirer aach allaa gieh un Haanddäschchen breche mer eus aach kaa oseschaffe. – Oawwer schwätze misse mer doch minaa. Eawwerhaapt wann's im so existentielle Sache wäi de Geschlechterzores git. Mir deffe neat weirer so veranzelt un isoliert bleiwe. Aach fier eus gellt, woas schun jeder Schulbub waaß:

Nur sesome sei mir steark!

Wolle mir also dem ganze scheinheiliche Emanzipationszirkus noch länger metzougucke un die Henn eam Schuss hale? Un vielleicht noch verleje grinse, wann mer eus freundlich e Lämpche inner de Desch stellt? Oawwer wolle mer endlich sesomehale un – oabseits vo de übliche Rivalitäte un em Imponiergegockel, woas eus letztlich nur Moachegeschwürn un Hearzinfarkte eanbrengt – eus Geschlecht wearre ofrichte!

Kaaner werd gezwunge. Wer will, der kann sich joa weirer ducke un inner seim Deschche ofange se tapeziern.

III. Tipps un Tricks
Vo Mann zou Mann

En Ofang met Bedoacht

Des anzich Beständiche eas de Wandel. Däi Erkenntnis hu schun eus keltische Ahne vo ihrer Wanderung zou de aale Grieche met sereck o de Dünsberg gebroocht un so feanne mir Männer aach ean euser Geistesgeschichte en gewichtiche Grond, eus weirerseentwickele un neat stieh se bleiwe.

Weirerentwickele häßt ean dem Sinn oawwer immer, deass mir eus verännern misse. Un wann mir eabbes Naues ofange, woas mer noch nie gemoacht, noch nie gedoocht oawwer noch nie geglaabt hu, dann mächt doas nadierlich aach eus erscht emol e wink usicher un ängstlich. Wu eus jegliche Erfahrunge fehle, wu mir eus neat auskenne, gerore mer joa schließlich aach leichter ean Gefohr.

Etz eas es zwar of de a Seit neat nau, deass solche psychische Schwierichkeite ean jedem Entwicklungsschritt lauern. Mir sellte eus oawwer ubedingt dovir heure, doas Problem eam Bezug of euse Leitfoarrem häi se innerschätze. Groad weils bei euser Entwicklung joa im Sealbstbesinnung (un domet eigentlich im woas ganz Aaltbekanntes) git, täuscht mer sich leicht dodurch, deass aam doas joa erscht emol goar neat wäi Entwicklung virkimmt.

Des genaue Gejedal eas nämlich de Fall. Die Verhältnisse nooch de Emanzipationsimtriewe sei völlich verännert un eansoweit nau. Mir misse also tatsächlich ganz nau bestimme, wer mii als Männer sei wolle, woas eus Männer innerhalb vo euse soziale Beziehunge ausmache soll, un wäi eus Grenze gejeeawwer de Weibsleut ausseseh hu. Dobei kenne mir eus zwar of eus sealbst, of eus Mann-Sei besinne. Nur mir hu doas joa ean eus dreann. Gleichwähl werd eus doas oawwer aach irgendwäi fremd virkomme un vielleicht ständich e ugout Gefeuhl hinnerlosse.

Es eas schun seltsam. Ganz ähnliche Verhältnisse hu mir

joa häi ean Mittelhessen aach met euser Sprooch gehoat. Ihr Platt harre die Leut aach eawwer e lang Zeit vernoochlässicht, ean bestimmte Situatione verhamlicht un zoum Daal sogoar vir sich sealbst versteckelt. Entweder woard's nur benotzt, wann mer ganz inner sich woar oawwer nur hinner virgehalener Haand. Erwachsene Mensche harre sich defier geschaamt, obwähl doas doch – aach fier säi sealbst erkennbaoar – ganz wesentlich zou ihrer Identität un zou ihrm Sealbstverständnis gehearn deat.

Bes of amol die ›Fäägmeek‹ stolz un respektlos ofung, ean ihrm Platt ernsthafte Lieder se seange un sealbstbewusst ihr Mottersprooch se benotze. Doas hot domols zwar viele spontan Lost gemoacht, zou ihrm Platt serecksefeanne. Oawwer wäi schwier woar doas doch immer aach praktisch, sich däi Freiräume dozou nau se schaffe.

Woarim stieh mir mittelhessische Männer zou eusem Geschlecht nur irgendwäi verschaamt? Wäi wann doas en Makel wir. Dobei eas eus Männlichkeit doch e Bedingung, uhne däi nix git. Eabbes, of doas mir stolz sei kenne, doas sein ajene, unzweifelhafte Wert hot.

Außerdem git's häi – wann mir doas emol strategisch betroachte wolle – schließlich im die Hälft vo de Bevölkerung, däi (met e bessche Marketing un Lobby-Earwed verseh) en ganz entscheidende Machtfaktor oabgeawwe kann.

Oawwer gemoach, mir wolle häi neat gleich eans anner Extrem verfalle un eus sealbst eawwerhewe. Des rächte Aachemoß misse mer nadierlich schun behale. Es werd eus allerdings kaaner verwihrn kenne, die Kepp se recke un of gleicher Aachehieh met de Weibsleut die Koarte nau se mische. Lost eus also – zwar neat laut, oawwer doch sealbstbewusst – rouhich emol ean de Herrschaftsgemächer oklobbe. Des Leawe eas schie un mir sei wearre do.

Emotione

Wäi mir geseh hu, sei Weibsleut durchaus fähich, unerschütterlich o den Unsinn se glaawe, den se stelleweis verzehle. Se verfüche eawwer e oabgeschlossenes, ganz exklusives Weltbild, woas ausschließlich emotional begründet eas. Un zou dem Weltbild geheart fundamental, deass se sich eigentlich fier die bessere Mensche hale, weil se die Keann krieje.

Doas hot weitraechende Konsequenze, fier däi mir eus dringend neher interessiern misse. A Auswirkung dovo eas nämlich, deass sich ihr ganz Geschlecht vo em Mottergefeuhl beseelt waaß, woas (ganz ähnlich, wäi bei de Statik vo em Haus) ihr Philosophie vo sich un de Welt stabilisiert un trät. Wubei sich des weibliche Sealbstverständnis immer ganz unmittelbar un quasi zwangsläufich aus de Oart un Weis definiert, wäi doas Mottergefeuhl ean de weiblich Natur sealbst verwurzelt eas. Es entstit also neat erscht aus persönliche Schwangerschafte un Geburte. Se hu's woahrscheinlich ean ihre Gene, un deshalb hu se's aach all minaa un schun vo klaa of. Oawwer so genaa brauche mir doas virläufich goar neat.

Pflegetrieb

Wann mir also domet weasse, deass Weibsleut nooch de Bedingunge vo so em ›Mama-Moster‹ funktioniern, dann kenne mer etz neat nur besser verstieh, woarim se sich ean der un der Situation besher immer so un so verhale hu. Mir kenne domet aach genauer eanschätze, wäi se sich ean Zukunft verhale wern. Nämlich immer nooch em bestimmte Pflegetrieb, der sich aus dem ›Mama-Moster‹ zwingend ergebt. – Dogeje kenne se sealbst goar nix mache. Dem sei se zwanghaft ausgeliwwert. Doas eas die Schoatteseit vo ihrm matriarchale Dünkel.

Fier eus muss es deshalb drim gieh eraussefeanne, wäi der Pflegetrieb o sich funktioniert un ob mir den vielleicht sogoar irgendwäi gezielt auslöse un steuern kenne. Doas misst dann eawwer irgendwelche Schlisselreize (wäi's wissenschaftlich häßt) funktioniern. Wann se z.B. eabbes seh, woas se unbewusst o Säuglinge erinnert – es gebt so e Baby-Schema, woas eam Körperofbau vo de Viecher eawwerall ean de Natur virkimmt, ean dem de Kopp relativ gruß eas un die Baachen klaa, waech un dabbesich sei –, dann löst doas doch scheint's immer ean ihrm Unbewusste den Pflegetrieb aus, fier den mir eus häi interessiern. Doas eas offensichtlich fest oenaa gekoppelt (Baby-Schema = Pflegetrieb) un läft neat eawwer ihrn Kopp. Es kimmt direkt aus'm Bauch. Däi merke doas inner Imstenn aach sealbst goar neat. Fier säi eas die Welt dann afach so un feardich ab.

Schlisselreize
Mir gieh also dovo aus, deass mir eawwer des Verständnis vo Schlisselreize – of däi Weibsleut spezifisch reagiern – un eawwer de Pflegetrieb direkt ean die Mechanik vom Geschlechterzores eingreife kenne.

Also gucke mer eus doch emol ean eusem Alldoag nooch solche Schlisselreize im. Weibsleut sei z.B. sofort wäi weggetreare, wann se vo em klaane Köterche met so em typische Hundeblick ogeguckt wern, so vo onne eroff, e bessche betreppelt, met hängende Uhrn. So en Blick eas fier Weibsleut wäi aan anziche Schrei, der alles durchdringt: »Maamaa!« Ean aller Rejel sei se dann naut mieh se hale. Sofort wolle se doas Däierche met haam neamme un bemottern. (Doas Beispill eas neat zoufällich gewehlt, mir komme gleich droff sereck.)

Etz sei mir erwachsene Männer zwar – rein äußerlich geseh – woas ganz annersch, wäi junge Honn. Der Blick oawwer, im den's häi git, hot e Struktur, däi mir ofschlissele un kopiern kenne. Un so e Kopie kann, wann se nur die wichtichste Strukturelemente ofweist, die gleich Wirkung hu wäi des Original. Doas misse mer eus genauer ogucke.

Als erschtes wolle mir eus zou dem Zweck dreawwer klar wern, wudraus so en Hundeblick wesentlich bestit. Ganz wichtich eas dobei e speziell Form vo Hilflosichkeit, der mer Ausdruck verleihe kann, eandem mer e bessche traurich aus de Wäsch guckt. So, wäi wann z.B. en klaane Bub eam

Sandkaste setzt un bei em annern Keand woas oarg Schienes sieht, woas er sealbst aach gern hätt. Der hot dann sofort alles eam Gesicht, woas däi Oart vo Traurichkeit ausmächt, met der eus ›Hilflosichkeit‹ signalisiert werd, weil em nadierlich noch jed Virstellung dovo fehlt, wäi e sei Mangelsituation sealbst behewe kennt, un weil e deshalb seim Frust so ganz un goar ausgeliwwert eas. So woas wirkt of Weibsleut enorm.

Bei klaane Marerchen zeicht sich doas übrigens ean vergleichboare Situatione neat so sicher un woahrscheinlich niemols genauso deutlich. Däi sei vo klaa of schun fähich, met ihre Gefeuhle instrumentell imsegieh, un traa ihr Seelezoustenn neat offe eam Gesicht spaziern. Mir misse also ubedingt o e klaa Bubche denke, während mir eus virstelle, wäi mer traurich gucke muss, wann mer die richtich Hilflosichkeit signalisiern will.

Taste mer eus oawwer langsam weirer: Woas zou so em Hundeblick noch dezougeheart, eas, e bessche verschreckt se gucke. Eansoweit kann eus e Virstellung behilflich sei, däi mer schun emol gestreift hu. Mir erinnern eus, wäi en junge Mann guckt, der eam Kreißsoal stit un groad debei eas, Voatter se wern. Wann der doas Gefeuhl hot, schloagoartich (un fier ihn völlich eawwerraschend) ean er ganz anner Welt se sei. Wann e goar neat kapiert, woas häi groad eawwer ihn ewegtobt; woarim däi ganze Weibsleut so dou, wäi wann he nur en Statist wir; woas doas etz alles wern soll; ob er tatsächlich woas met dem Deank se dou hot, woas do groad of die Welt kimmt oawwer ob's neat besser wir, etz afach nur schneall otsewache usw. Der guckt dann verschreckt, wäi en Jungvuchel, der groad aus'm Neast gefalle eas. Doas misse mer eus also ubedingt aach merke.

Un woas noch gout kimmt, eas so e bessche woas Oabwesendes. So, wäi wann klaane Buwwe ean de erscht Klass setze (besser gesaht, met em ofgestützte Kopp ean de Bank hänge) un met em halboffene Mund aus'm Feanster gucke. Aach häi eigne sich Buwwe, fier däi Virstellung, däi mir eus mache misse, bei weirem besser wäi Marerchen.

Mir merke eus also die klaane Buwwe − eam Sandkaste un

ean de erscht Klass – un vergeasse aach den Jungvuchel aus'm Kreißsoal neat. Doas scheckt, im den Hundeblick ean seine wesentliche Strukturn wirkungsvoll noochsemache.

E bessche Üwung eas nadierlich nierich, oawwer wann mir emol jeden Moejend virm Spiejel so ugefiehr zwoo, aach drei Minute üwe, dann hu mer ean oacht bes vearzehe Doag den Booche eraus. Wichtich eas dobei allerdings, deass mir ganz ernsthaft un konzentriert virgieh, weils droff okimmt, däi mimische Üwunge, däi auße oablaafe, met der innerlich Gefeuhlsmischung ausreiched se verbeanne. Doas eas deshalb so bedeutsam, weil sich doas als Ganzes zou em Automatismus entwickele muss. Mir misse eus also erscht emotional do eneannversetze, wäi däi Buwwe un der Vuchel sich feuhle, un wann mer dann aach so e Gefeuhlsgemisch ean eus hu, dann misse mer doas met der Mimik verbeanne, däi mer groad eam Spiejel ofsetze. Irgendwann automatisiert sich doas dann un werd alles ans, wäi z.B. des Kuppele un Schalte beim Autofoahrn. Erscht wann eus doas richtich ean Flaasch un Blout eawwergegange eas, kenne mirsch aach perfekt eansetze. (Klaane Marerchen kenne doas woahrscheinlich vo Geburt o.)

Konzentration un Trainingsfleiß sei also ubedingt nierich. Der Ofwand, den mir häi betreiwe misse, zoahlt sich oawwer doppelt un dreifach aus. Wann mer doas emol eraus hu un den Blick sosesaa of Kommando ofsetze kenne, dann eas doas ugefiehr genauso viel wert, wäi e Kreditkoart, met der mir eawwerall of de Welt (bei Weibsleut!) alles bezoahle kenne.

Ean dem Moment, ean dem mir doas gründlich durchdoocht un verstanne hu, werd eus aach klar, deass so en Hundeblick en besonnersch stearke Schlisselreiz eas, weil e eigentlich aus etliche anzelne Schlisselreize bestit, vo dene jeder vir sich schun sei ajen Wirkung dout. Dodurch, deass däi häi sesomegeschalt sei, eas aach die Wirkung entsprechend vervielfacht. Mir hu's eansoweit also met em Kardinalschlisselreiz se dou, met dem mir e gewichtich Werkzeuch ean de Haand hale, sosesaa de ›schwiere Homer‹. – Met alle Vir- un Noochdaale, däi doas hot. Doas deffe mer nie vergeasse. Mir wolle schließlich neat met Kanune of Spatze schäiße.

Vir dem Hinnergrond misse mer eus gleich de klennere Kaliwer zouwenne.

Klaane Hemer

Gruße un klaane Schlisselreize sei also immer wäi spezielle Werkzeuche, met dene mir die verschiedenste Diern offmache kenne. Werkzeuch un Dier misse dobei allerdings – wäi mir groad geheart hu – jeweils möglichst gout ofenaa oabgestimmt sei, woas relativ leicht o em praktische Fall se erkenne eas:

Saa mer emol, en Mann wir fresch geschare, hätt sich allaa e Wohnung genomme, un wir groad debei, sich ean seim naue Leawe eanserichte. Kaaner freegt en mieh, wu e so lang woar, wann e die Noacht im zwo haamkimmt, woarim's ean de Wohnstubb nooch Brotkoardoffel richt, wäi de Spiejel eam Boad schun wearre aussieht usw. Es git em also richtich gout un he genäißt sei Leawe, woas ean em Aaler vo, saa mer emol, e wir 45, e grußoartich Erfahrung sei kann. He verlesst sei aale, eangefoahrene Wäje, des Leawe werd häi un do wearre richtich spannend, un e lernt aach en Haffe Leut kenne, vo dene die mierschte – neat ganz zoufällich – Weibsleut sei. So weit, so gout.

Üblicherweise stellt sich ean solche Verhältnisse dann, so ganz langsam un Steck fier Steck, e Merkwürdichkeit bei eus Manner ean, e udeutlich Gefeuhl, wäi wann woas fehle deet. Vir allem ean de Kich un met de Wäschmaschin läft alles e bessche holwerlch. Es tehlt e rouhich un beständich Haand eam Hinnergrond, e weiblich, im genau se sei.

Wäi oawwer krit mer doas etz gebacke, wäi realisiert mer so woas om schlauste? Weibsleut losse sich joa neat afach eanfange. Es kimmt aach neat jed erscht Best ean Frooch un sealbst wolle muss däi doas nadierlich aach noch. Die Sach eas also rächt kompliziert. Mer kann neat of de Stroß erimlaafe un sich wäi ean em Katelog woas aussuche, ean Kneipe un of de Earwed find mer nadierlich groad dann, wann mer wirklich dringend a bräucht, aach kaa.

De Hundeblick eas fier den Fall neat des richtiche Werkzeuch. Wer als met em Hundeblick durch die Gejend läft, hot leicht woas vo em Verlierer un dodroff stieh die Weibsleut neat wirklich. Mir misse als Mann attraktiv bleiwe un deshalb brauche mir fier eus Zwecke häi aach en ›klennere Homer‹.

Wann mir eus o däi »Hilflosichkeit« erinnern, däi als Anzelreiz eam Hundeblick joa beteilicht woar, dann seh mer eweil, deass mir däi aach fier sich allaa prima eansetze kenne. Oawwer Virsicht: Mir misse domet gleichwähl noch behutsam imgieh un entsprechend fei justieren. Beim Eankaafe z.B. Häi treaffe mir eawwerall of Weibsleut un mir deffe etz nur genaa so viel hilflos wirke, deass so e Fraa noch zou eus ofgucke kann, während ean ihr de innerliche Drang stärker werd, eus inner ihr Fittiche se neamme. Doas klingt neat nur wäi e Groatwanderung, doas eas aach a.

Ean em Meatzgerloare z.B. sei hinner de Thek mierschtens e poar Weibsleut beschäfticht. Afachkeitshalwer neamme mer emol o, es wir eus egal, bei welcher vo dene mir de Pflegetrieb auslöse wolle. Mir gieh also rouhich de Samsdoagmoejend eankaafe, nooch zehe, wann viel Betrieb eas, stelle eus o, woarte ganz gedellich, bes mer dro sei, un eawwerleje ean der Zeit, met welcher Frooch mir genau de richtiche Groad vo Hilflosichkeit zoum Ausdruck brenge kenne. Wann mer drokomme, saa mer met freundlicher, oawwer durchaus fester Steamm (of kaan Fall innerwürfich oawwer usicher): »Aech wollt emol Stroganoff-Geschnetzeltes mache. Woas muss aech dann do fier e Steck Flaasch neamme?« – Doas funkt! Do kenne mir ganz sicher sei. Es dout ugefiehr die gleich Wirkung, wäi wann aner de versomelt Thekemannschaft verkündt hätt: »Aech sei vo de Lottogesellschaft. Ihr hot met auer Tippgemeinschaft de Jackpot geknackt.« Met aam Schloag eas Benzin ean de Loft un die Weibsleut sei all wäi elektrisiert.

Wann dann – saa mer emol – väier Weibsleut hinner de

Thek bedäine, dann gucke däi eus ean dem Aachebleck alle väier fier en ganz kurze Moment o. Wäi wann's synchronisiert wir. (Die Weibsleut vir de Thek – aus de Aachewinkel – nadierlich aach.) Un drei devo sei neidisch, weil se etz zoufällich groad de falsche Kunde erwescht hu. Allaa die Unmöglichkeit vo der Gesamtsituation hält se etz noch sereck, ihrn ajene Kunde Kunde sei se losse, un eus met de tollste Stroganoffrotschläg se verwöhne.

Däi Verkäuferin oawwer, däi mir zoufällich erwescht hu, krit e Strahle eans Gesicht, versichert sich nur ganz kurz met em Seireblick, deass die annern doas aach wirklich all metgekrit hu, gebt en irgendwäi keahlich-nasale Erkennungslaut vo sich (Glucke mache woas Ähnliches fier ihr klaane Bieberchen), im eus se signalisiern, deass säi genaa die richtich Mama fier eus eas, un schnappt eus dann, im eus inner ihrm Brostgefieder se wirme: »Oaach, do nimmt mer doch de best ›falsche Lende‹, däi neamm aech aach immer. Do brauch mer däi deuer Rinderlende neat se kaafe. (Doas deet däi etz sogoar saa, wann ihr Chef direkt neawich ihr stenn. De Pflegetrieb lesst ean so er Situation naut neawich sich gealle.) Mer muss nur seh, deass mer e schie Steck erwescht, aech will gleich emol gucke.« Un während se met dem sichere un mächtiche Schwung vo baare Ellebooche (Flitch), den nur e Motterdäier hot, deutlich brärer un forscher wäi sonst durch die Verbindungsdier nooch heanne verschwindt, mostern die annern drei eus neidisch aus de Aachewinkel, weil se eus aach goar se gern innerm Brostgefieder härre.

Woas sich ean so Situatione o emotionale Spannunge – däi aus dem Ofenannerpralle vo eiskaaler Missgunst un gleuhend haaßer Begierde entstieh – uwearreroartich hinner de Thek ofstaut, uhne deass mer doas als Mann vo auße erkenne deet, eas enorm. Wann mer doas ean Zukunft emol energietechnisch werd notze kenne, kann der Meatzgeloare dodraus en ganze Monat lang fier sämtliche Keuhlaggregate sein Strom bezäihe. Genauere technische Eawwerlejunge dozou misse mer eus oawwer häi verkneife, weil eus doas zou weit vom Wäg oabbreecht.

Während also noch die Gluck eam Hinnergrond die beste Brocke fier eus sesomesucht, merke mir vielleicht, wäi sich die a oawwer anner Kolleechin sereckhale muss, im ihr Rezept neat doch noch schneall schreech eawwer die Thek (vielleicht ean Stichwoarte) o de Mann se brenge. Vielleicht werd de innerliche Druck aach so gruß, deass die Verkäuferinne innerenaa ofange, sich gejeseirich ihr Stroganoffkenntnisse freundlichst im die Uhrn se haache, domet mir un alle annern Kunde methearn kenne, woas säi gewusst härre, wann se gefreegt woarn wirn. Vielleicht mische die Weibsleut vir de Thek aach gleich met – egal. Doas sei letztlich alles versteckte Mitteilunge, däi sealbstverständlich nur fier eus bestimmt sei.

Of jeden Fall eas des Klima ean dem Loare of amol deutlich verännert un mir hu tatsächlich des Gefeuhl, als Kunde häi wäi en König behannelt se wern.

Es kann übrigens sei, deass Männer (wann eawwerhaapt aner eam Loare eas) vo dem atmosphärische Feuerwerk, vo den stearke Spannunge un dem Geknister ean de Loft, goar naut metkrieje. Se wonnern sich hiekstens, woarim's neat viero git un woas doas ganze Geschwätz soll. Inner Imstenn ärjern se sich aach eawwer den Blödmann, im den of amol so viel Geschess gemoacht werd, nur weil der scheint's kaa Fraa dehaam hot un neat waaß, wäi e sei russisch Gulasch koche soll. Alles annere werd dobei o eusem typische männliche Antennesystem komplett vorbeirausche.

Mir wolle eus oawwer noch e anner Beispill vo den ›klaane Hemer‹ vir Aache führn, weil mir gleich learne misse, met de Verwendung vo dene intensive Reize wirklich oarg virsichtich imsegieh. Wäi en Apotheker misse mer häi des Dosiern beherrsche. Die Dosis mächt, deass mir amol e ganz toll Medikament un amol e Geaft vir eus hu.

E verknittert Hemb eas z.B. en außergewöhnlich zugkräftiche Schlisselreiz. Wann so e Hemb oawwer nur e klaa wink zou oarg verknittert eas, dann kann dodurch leicht de Eandruck vo Verwahrlosungstendenze entstieh. Allerdings wir so en Eandruck inner Imstenn se vermeire (die Sach eas oarg komplex), wann mir doas met gejeläufiche Signale neutralisiern kennte. Also wann z.B. – oabgeseh vom Knitterhemb – de ganze Rest vom Kearl sawer un ordentlich ausseech. Besonnersch helfreich wir dobei, wann mer schiene Schouh ohätt. Wubei Schouh eigentlich schun wearre en tolle Schlisselreiz fier sich sei; sofern neat en hellbraune Schouhbännel links un en mittelbraune rächts alles wearre verderwe. Es eas wäi gesaht rächt kompliziert un mir innerbreache eus häi, weil mer sonst vo eusem gedankliche Wäg oabkomme.

Wann also so e Hemb de richtiche Groad vo Verknitterung ofweist un wann mir dann noch e nau Jackett un e poar schiene Schouh debei odou, kann doas eigentlich nur e ganz prima Wirkung hu. Owends ean de Kneip o de Thek z.B. oawwer aach, wann mer of irgend e privat Geburtsdoagsfeier eangeloare sei. Se mache brauche mir dann jedenfalls sonst naut mieh. Mir misse afach nur noch dosetze un hiekstens zwischedurch emol freundlich schmunzele oawwer häi un do e bessche hilflos grinse. Ansonsten brauche mir nur noch se woarte, bes eus die erschte Weibsleut eankraase. Wäi e Blomm of de Wiss, däi sich joa neat beweje kann un woarte muss, bes die Bie komme, sei mir afach nur do un zeiche die Bleu (des Knitterhemb) her. Däi fei Knitterstruktur, däi joa nur zoum Daal inner eusem Jackett virleucht, wirkt etz ugefiehr so, wäi en fluoreszierende Polleknäul ean de Mett vo er gruß Bleu of die Bie wirkt: Wäi en Magnet!

Während die Weibsleut sealbst vielleicht dovo eawwerzeucht sei, doas feine Jackett un die schiene Schouh wirn de Grond fier ihr Interesse, entgit ihne völlich, deass se sich unbewusst of des Knitterhemb gezeh feuhle.

Fier eus Männer eas däi Virstellung, deass mir die Roll vo de Blomme spille un die Weibsleut afach komme losse misse, zwar erscht emol e wink befremdlich – geweass. Doas git oawwer neat annerscht, doas misse mer learne. Es eas, wann mer doas met em annern Beispill aus de Fauna vielleicht besser verstieh kenne, wäi wann mir (nooch em perfekte Rolledausch) etz sealbst eawwer die Pheromone verfüche deere, während die Weibsleut (wäi sonst die Männchen) oabhängich, willelus un wäi ferngesteuert of den Lockstoff fixiert wirn. Demnooch mache mir also alles richtich, wann mir ausdrücklich nix mache. Schun goar neat urouhich doerim laafe, eus met annern Kearle eawwer Fußball innerhale usw. Mir setze nur do un woarte.

Des anziche, woas so e Weibsmensch etz noch devo oabhale kann, eus schnurstracks osefläije eas möglicherweise der Imstand, deass annern Weibsleut ean de Neh sei. Fier dene geniern se sich dann vielleicht e wink, weil däi innerernanner nadierlich genaa weasse, wudrim's git. Se brauche ean dem Fall dann noch so woas wäi e kurz Schaamfrist un däi muss vo eus ganz souverän durch Oabwoarte eawwerbreckt wern. Mir kenne do ganz rouhich sei. Wann de Lockstoff amol ausgebroocht eas, dann gebt's praktisch nur noch a Richtung.

Om Rand betroacht

Es lohnt sich, wann mir o der Stell gleich en Seiregedanke met oabhannele: Däi Geniererei, däi eus zoum Oabwoarte zwingt, hängt vielleicht aach e bessche domet sesome, deass Weibsleut ihr Sexualität annerscht leawe wäi mir Männer. Se genäiße vir allem des Virspill mieh. Doas ganze Geknister voarneweg – die ganz Ofrejung. Sobaald sich die erschte Pheromonchen ean ihre Fühler verfange hu, mächt's Pling! ean ihre Kepp, un se sei heallwach. All of aan Schloag. Wäi wann ean ihrer Welt irgendwu aner die Haaptsicherung eangeschalt hätt, neamme se sofort minaa Witterung of, un beowoachte gleichzeirich aus de Aachewinkel ihr Geschlechtsgenossinne, däi joa aach schun met alle Sinne des Imfeald nooch dem Lostzentrum durchkämme, woas irgendwu ean de Neh ofgebroche sei muss. Es grenzt o Zauberei, wäi se of amol all sesome urouhich sei un die Fühler weirer ausfoahrn; wäi sich ihr Pupille weire un wäi fiewerhaft die verschiedene Raster durchgekämmt wern; wäi grissere Fläche eawwerwacht un die ganz Imgejend ausgepeilt werd; vir allem oawwer ans: Wäi se gleichzeirich all minaa däi kollektiv Urouh genäiße, däi sich noch dodurch verstärkt, deass jed

Anzel die Peilsender vo alle annern registriert. (So ähnlich muss sich's eanne dreann ean em Bienestock ofeuhle, wann nooch em strenge Weanter eam Freujohr de erschte bleuhende Weirebusch entdeckt woarn eas – irgendwu ganz ean de Neh.) E Kriwwele hot die ganz Gesellschaft gepackt. Met amol eas Freuhjohr. Se schuggern sich innerlich, wäi wann mer ihne met em Groashalm eawwer die nackich Schulter eweg heanne eans offene Sommerklaadche gefoahrn wir un hale wohlich stell debei.

Während mir Männer eam gleiche Raum meatte ean dem Truwel dreann setze, eawwerhaapt nix merke un eus weirer innerhale, wäi wann goar naut wir, eas die Weiwerwelt eigentlich nur noch äußerlich präsent. Innerlich sei se all schun wu ganz annerscht un eawwerantworte sich ean healler Begeisterung dem immer stärker oschwellende Fiewer. Se hu doas lautlose »Halali« geheart, doas scheint's nur ean de weiblich Parallelwelt virkimmt. Se taxiern die Konkurrenz. Se schätze hektisch Entfernunge oab un dou debei gelangweilt, während nervöse Aachebewejunge die Beteilichung om gruße Spektoakel doch verrore. Falsche Fährte un Fallstricke fier die freundlich Noochbersche steigern de Reiz un treiwe des Spill rasant viro, misstrauische Blicke aus de Aachewinkel peitsche die Sinne un jaa die Adrenalinspiejel eawwer Rekordgrenze. Donooch sei se all minaa süchtich! – Es git im e Oart Treibjoacht, e Fest, woas sich kaa Weib entgieh lesst: »Woas eas de kearzeste un de schneallste Wäg, wäi gucke die annern. Wu kann mei sich oschleiche, deass mer neat zou freuh entdeckt werd. (Guck o, die Vera. No, woart oab!) Vo wu aus kimmt mer de best zoum Schuss. Wer kennt schnealler sei. Nur etz kaan Fehler mache. (Uaahh, wäi doas kriwwelt.)« Wer sich se freuh zeicht un deneawich schäißt, eas weg vom Feanster. Wer zou plump un zou strack lusstürmt, mächt sich vir de ganz Joachtgesellschaft unmöglich un retscht ean de Hackordnung ganz nooch onne durch.

Woahrscheinlich eas es so, deass mir Männer eus dovo goar kaa richtich Virstellung mache kenne. Doas eas e Hatz, bei der die Meute vo em alles beherrschende Hormonsturm gepackt un metgereasse werd. Häi tobt sich en weibliche Urinstinkt ean volle Züch aus. Des Woart ›Ekstase‹ trefft den Zoustand, ean den sich die Weiwerwelt häi reckhaltlus eneannstearzt, woahrscheinlich noch om beste. Mir wolle deshalb gern glaawe, woas dozou schun scherzhaft festgestellt woarn eas: Während mir Männer ean euser Zielfixierung nie links oawwer rächts gucke un kaum of euse Wäg oachte, gieh Weibsleut dovo aus, deass des Schienste om Seiresprung de Olaaf eas.

Aus all dem ergeawwe sich fier eus zwoerlaa Erkenntnisse, däi mir eus gout eam Hinnerkopp behale wolle:

Anerseits hot däi Olaafleidenschaft, däi mir häi groad beispillhaft kennegelearnt hu, ungeahnte Weiterunge, eawwer däi sich nie imetz Gedanke mächt. Der mächtiche Trieb muss joa ean de Öffentlichkeit sittlich gezähmt, e muss also unbewusst ean sozial erwünschte Forme imgewandelt wern. (Ansonsten deet so e gewaltich archaisch Lostquell jed Form vo gesellschaftlichem Sesomeleawe unmöglich mache.) Und vo dene sublimierte Forme gebt's im eus erim viel mieh, wäi mir eus virstelle kenne. Mer find se tatsächlich ean alle Gesellschaftsbereiche. E gout Beispill eas doas alljährliche Chreasdoagstrara, ean dem sich jede Menge Parallele erkenne losse. Häi gebt's drei huhe Feierdoche, oawwer voarneweg sei neat imsonst volle väier Woche ›Olaaf‹ fest eam Kalenner programmiert. Un wann mer emol genaa hiegucke un eawwerleje, zou welche Zeire de Aldi schun ofingt, Chreasneakelser, Dominostaa un Lebkuche se verkaafe, krieje mer en realistische Eandruck dovo, wäi weitraechend solche Ersatzhandlunge tatsächlich euse gesamte Alldoag bestimme. So woas eas volkswertschaftlich bedeutsam!

Annererseits hot doas oawwer fier eus Männer wearre eabbes oarg Ernüchterndes, woas sich om Beispill vo der Joachtgesellschaft deutlich zeicht. Die Weibsleut erleawe eus joa noch neat emol häi, ean dem ursprüngliche, eigentliche sexuelle Triebzirkus, (wäi mir eus doas vielleicht virstelle) als Haaptpersone. Alle Haaptrolle sei häi ganz offensichtlich vo Weibsleut besetzt. Eus fällt eam Grond genomme neat mieh wäi die Roll vom Hearsch zou, den dann zoum Schluss die Schützekönigin om Geweih hinner sich herschläfe un dehaam ausschlochte deaff, während die Meute – met glänzende Aache un o em gemütliche Laacherfeuer, bei Jäjerlatein un bestens gelaunt – doas ganze Spektoakel gemeinschaftlich ausklinge lesst.

Un wann mir eus vir dem Hinnergrond däi ganze Aldi-Ersatzforme genauer ogucke, misse mer feststelle, deass mir aach häi nur irgendwu ganz om Rand virkomme. – Doas eas zwar kaa schie Virstellung, oawwer wann mer die Verhältnisse realistisch eanschätze wolle, komme mer im däi Interpretation wähl neat ganz erim. So viel zou euse Randbetroachtunge.

Mir komme sereck zoum Beispill un erinnern eus, deass mir noch oabwoarte. Die Situation spillt eus ean die Henn. Ans vo dene Weibsleut muss joa eam Ogesicht vo eusem Knitterhemb nutgedrunge irgendwann om wingste ginant sei, brumselt also schun emol e enger Runde im eus erim, setzt sich wäi zoufällich ean eus Neh, dout irgendwäi harmlos un hakt sich dann ganz beiläufich met em Enterhake eans Knitterhemb ean. (E Fraa deet doas nie so laut un brutal mache, wäi mir Männer doas ean Piratefilme gewöhnlich demonstriern. Es läft allerdings of genau des Sealwe enaus.)

Fier eus Joachtgesellschaft häßt doas eam sealwe Moment, deass se all minaa, wäi of Kommando, die Tribüne besetze, im se spekeliern, ob säi met ihrm Kaperversuch – der allgemein als dreist empfunne werd un nadierlich Empörung auslöst – Erfolg hot. Woas eus als Objekt der Begierde oawwer alles neat oc interessiern brauch. Mir hale, vo all dem ungerührt, stur o eusem Kurs fest, sei weirer passiv un losse eus bedäine. Gefällt se eus, losse mersch eus zou, deass se sich met ihrm Enterhake langsam o eus dro zäiht. Un wann neat, mache mer eus den Hake wearre aus'm Hemb un inerhale eus uverbindlich weirer, wäi wann naut geweast wir. Eam letztere Fall kenne mir fasziniert zougucke, wäi eam sealwe Moment aach schun wearre die ganz Meute vo de Zuschauerräng of eas un die Hatz vo Nauem lusgit.

Wann allerdings so e Hemb nur e Ideeche zou oarg verknittert eas (aus dem Grond hu mir doas alles joa so imständlich verzehlt), dann kann die Wirkung eans genaue Gejedaal kippe. Die Innerschiede sei neat gruß un fier Männer schwier se erkenne. – Im eus häi entsprechend fit se mache, brauche mer ausreichend Zeit un e gründlich Virbereitung. Mir misse z.B. e tauglich Biejeleise kaafe, die richtich Temperatureanstellung erausfeanne un learne, genaa rächtzeirich des Eise vom Hemb se neamme. So e Hemb afach nur gloat se biejele, eas dogeje e Keannerspill. Gedold un viel Üwung sei also ubedingt nierich, wann mir eus die erforderliche Erfahrunge nooch un nooch zouleje wolle.

Wer als Ofänger trotzdem maant, doas met dem Knitterhemb schun emol probiern se misse, obwähl e noch neat ausreichend geübt hot (fresch geschaare feuhlt mer sich joa oft e wink inner Zeitdruck), der soll häi ausdrücklich gewarnt sei: E zou steark verknittert Hemb wirkt of Weibsleut genauso oabschreckend wäi z.B. däi Kearle ean ihrer Midlife-Krise, däi sich trotz ›kräfticher‹ Statur ean neongeale Radlerhose zwänge, de Schmierbauch lässich owe dreawwer hänge losse, un doas Gesamtkunstwerk dann durch die Gejend spaziern foahrn. Met so woas kenne mir euser Reputation bei de Weibsleut en Schoarre zoufüche, der neat wearre goutsemache eas. E anner Beispill fier so e Unsäglichkeit eas doas mittelhessische Standard-Sommer-Outfit, woas mer samsdoags of manchem Rasen bewonnern kann: Tennissocke, Sandale, kurze Turnhose (eawwer däi de obligatorische Schoppe-Frontspoiler hängt) un e Innerhemb (Schießer-Doppelripp), woas die zougehörich Figur so richtich zour Geltung brengt. Wer so eawwer die Gass läft oawwer inner Imstenn aach noch zoum Eankaafe fiehrt, stellt sich sosesaa sealbst vom Platz. So woas eas tabu un ean genaa so e Tabuzone greet mer, wann die Knitter eam Hemb nur e bessche se steark sei.

Es gebt allerdings trotz allem e Möglichkeit, sogoar met em eindeutich eawwerknitterte Hemb se punkte. Eandem mir nämlich neat sealbst dreann erimlaafe, sondern nur launich devo verzehle. Durch däi Raffinesse gelingt eus en ganz besonnere Wurf deshalb, weil mir domet des unbewusste weibliche Bedürfnis befriediche kenne, sich e bessche hämisch un schoarrefruh eawwer die Ergebnisse männlicher Hauswertschaft se belustiche. Däi durchaus ärjerlich weiblich Oabschätzichkeit, däi dodreann zoum Ausdruck kimmt, stachelt joa aach förmlich eus Ehrgefeuhl o un färret eus ensoweit zou er peaffich Antwort eraus. Eandem mir also o er Stell, o der die Weibsleut goar neat met eus reachene, ihr sealbstgefälliche Eawwerheblichkeite wearre vir euse ajene Kearn spanne, kenne mer eam Geschlechterzores endlich wearre emol e richtich Husaresteckche oabliwwern.

Neamme mer emol o, mir wirn fresch geschare un härre eus e nau Wäschmaschin gekaaft. Dann wirn mir bei der Oschaffung nadierlich vo vernünftiche un zweckmäßiche Eawwerlejunge ausgegange. Mir härre eus z.B. gedoocht: Wann so e Maschin die Klamotte schun durch un durch nass mächt beim Wäsche, woas mer joa neat sinnvoll vermeire kann, dann eas es nadierlich gout, wann se om Schluss wenigstens gründlich schleudert, demet mir doas Zeuch neat noch wochelang treckene misse, bevir mersch wearre ozäihe kenne.

Neamme mer weirer o, mir härre deshalb lang gesucht, bes mir endlich (eam Internet, ean de hinnerscht Eck) e Maschin gefonne härre, däi's eam Schleudergang of 1600 Imdrehunge brengt. Dann hätt doas nadierlich erscht emol die gewünscht Wirkung erbroocht un die Hember wirn fast schranktrocken aus de Maschin gekomme. – Allerdings dermoße krombelich, deass mii o des Bicjcle goar neat mich se denke brochte.

Weil mer etz die Hember ean dem Zoustand neat gleich fortschmeiße wollte, härre mer groad wearre alles ean die Maschin gestobbt un eam nächste Wäschgang – gewitzt, wäi mir sei – rächtzeirich de Stecker gezeh, bevir des ›Schleudertrauma‹ lusgeng. Woas allerdings dann zou er klenner Eawwerschwemmung geführt hätt (weil mir die Hember trotz dem stiehende Wasser ean de Maschin do joa irgendwäi eraushälle musste) un außerdem zou er unmöglich lang Trockenzeit. Wäi gesaht: Alles nur emol hypothetisch ogenomme.

So e Geschicht eas Gold wert. Neat nur, weil se de Pflegetrieb met grußer Sicherheit auslöse kann, sondern vir allem, weil Weibsleut doas aach als Beleg fier ihr Eawwerzeuchung offasse kenne, deass säi die bessere Mensche sei. Mir kaafe eus also e nau Hemb un setze eus sawer un knitterfrei ean die Kneip oawwer of die Geburtsdoagsfeier. Im den Schlisselreiz »Knitterhemb« ausselöse, misse mir eus etz ean e ganz normal Gesprächssituation met dem Weibsmensch brenge, woas mir eans Aache gefasst hu. Wann's eus neat so genaa droff okimmt, kenne mir eus aach meatte ean so e gemischt Gesellschaft eneansetze un eus eawwerrasche losse, wer eus ofläije werd. Ean dem Fall misse mer nadierlich droff oachte, deass die interessante Weibsleut all ean Hörweite setze.

Etz brauche mir nur noch möglichst buwwehaft un entspannt se verzehle (optimal wirkt doas, wann die Weibsleut schun emol e Gloas Sekt oawwer en Grappa getrunke hu), wäi mir zou euser Wäschmaschin gekomme sei un woas mir eus dobei gedoocht harre. Allaa doas Woart ›Schleudergang‹ sichert eus, weils aus er Männerkeahl kimmt, die Ofmerksamkeit vo restlos alle Weibsleut, däi methearn kenne. Egal, ob se sich gleich nooch eus erimdrehe un ofange Witze se mache oawwer ob se noch ean en annern Wäg gucke un so dou, wäi wann se naut geheart härre. Neuschierich sei se ob dem Moment all. Un se lauern nur noch of e Gelejenheit, sich eanseklinke.

Wann mir etz aach noch rächt ubefange dozou eawwergieh, vo den Turboleistunge eam Schleudergang se berichte, un dobei so locker bleiwe, deass mir noch eawwer eus sealbst lache kenne (mir setze joa ean em naue Hemb un schiene Schouh do), dann wern mir eus inner de Weibsleut a aussuche kenne. Manche hu innerlich schun die Henn eawwerm Kopp sesomegeschloo, weil sich gleich om Ofang vo euse Schilderunge ean ihrm Hauswertschaftsseelche alles gekringelt un gekräuselt hot, annern lausche wäi gebannt un feuhle sich ofs Köstlichste innerhale. Offe un interessiert sei se wäi gesaht all minaa. Se hänge förmlich o euse Lippe. Wann hinner dem Schlisselwoart ›Knitterhemb‹ aach noch Wearter falle wäi ›schranktrocken‹, kenne sich die Mierschte innerlich schun kaum mieh kontrolliern. (Mir vergeasse dobei oawwer nie, deass sich en Daal vo ihne rein äußerlich inner Imstenn neat des Geringste omerke lesst. Doas eas alles Show.) Hearn se dann aach noch woas vo 1600 Imdrehunge un seh dobei en Mannskearl, der zwar met dem, woas »säi jeden Doag quasi neawebei mache« völlich eawwerfärret eas, doas oawwer ganz locker nimmt (en coole Typ halt), dann schwillt der Reiz bes o die Schmerzgrenz o. Während se all minaa nur noch en klaane Bub vir sich seh, der ubedingt »innersch Brostgefieder muss«, hu se sich längst ean des Gespräch eangemischt, mache Witze, quietsche, klatsche Beifall un bestelle noch woas se treanke. Met gruße, woarme Kouhaache gucke se nur noch sehnsüchtich nooch dem hinreißende Kälbche met seiner Wäschmaschin.

Aus solche klaane Offührunge gieh oft ganze Gesellschafte bestens innerhale un (wann aach, uhne se weasse woarim) irgendwäi glecklich haam. Un dodraus kenne mir e beträchtlich Kapital schloo, weil Weibsleut solche Wonnefeste fier des gefeuhlte Matriarchat entweder nie oawwer nur ganz, ganz langsam vergeasse kenne un sich dobei immer met glänzende Aache o eus Person erinnern wern.

Des ›Mama-Moster‹ eas möglicherweise de mächtichste weibliche Automatismus, den mir eus zou Notze mache kenne. Weil eus doas oawwer ean eusem Alldoag quasi eawwerall begaane werd, kenne mir ean eusem Leitfoarrem nadierlich neat sinnvoll versuche, alle dozou denkboare Situatione se beschreiwe. Genauso unmöglich wirsch, alle zougeheriche Schlisselreize ofsezehle. Deshalb wolle mir oabschläißend häi noch of bestimmte Grondforme vo Schlisselreize hieweise, däi – so ähnlich, wäi bei er Kombizang eam Werkzeuchbereich – vielfältiche Owendunge ermögliche.

Im däi Grondforme ausfindich se mache, misse mir eus eawwerleje, woas alles of so e jung Motter eanwirkt, während sich doas Moster (of de Basis vo elementare weibliche Instinkte) individuell ean ihr ausprägt. All däi Anzelheite, aus dene sich doas Moster ofbaut, sei nämlich aach die Zougäng, eawwer däi mir speeter wearre do drokomme kenne. Des sealbstgenügsame Gebrabbel vo Babys z.B., doas eas so woas. Oawwer des grußspuriche Schwadroniern vo klaane Schulbuwwe. Doas sei Grondbaustaa vom ›Mama-Moster‹ un däi kenne mir rouhich jederzeit schlisselreizmäßich als Zougäng notze. Se funktioniern fast immer un eawwerall. Oawwer wann mir z.B. dro denke, wäi so en klaane Bub sei Mama ostrahle kann, wann däi nooch dem Eankaafe endlich wearre dehaam eas. Do schmelzt doch schun jeder zoufällige Betroachter wäi Botter ean de Sonn. Wann e Motter so ogestrahlt werd, dann kann däi sich dogeje eawwerhaapt neat wihrn un deshalb werd so woas als Schlisselreiz immer e prima Wirkung dou.

Mir Männer denke dozou allerdings mierschtens, doas wir woas ganz annersch un deshalb kennt mer doas goar neat of eus Verhältnisse eawwertraa. Wäi sealbstverständlich gieh mir dovo aus, deass so e Lache neat vo eus Erwachsene kopiert wern kennt. Es seech geweass blödsinnich aus, glaawe mer, un die Oabsicht dehinner deet bestimmt sofort bemerkt wern. Doas eas oawwer ganz un goar neat so. Wer doas aach nur amol sealbst ganz frech prowiert hot, werd vo dem Irrglaawe fier alle Zeire gehaalt sei. Wichtich eas dobei joa nur, deass doas aale Moster (der Mikrochip) ean de Weibsleut aktiviert werd un ihr Bereitschaft dozou eas eigentlich ständich extrem huk. Es gebt kaum e grisser Verlockung fier Weibsleut (wann mir emol von dem innergeschlechtliche Joachtfiewer oabseh, woas eus groad noch leawich ean Erinnerung stit), kaum eabbes, nooch dem sich ihr Hearz mieh sehnt, wäi doas aale Moster nau se beleawe. Schließlich eas doas met entsprechende Gleckserfahrunge verbonne un eansoweit eas ihne alles rächt, woas dodro oknebbt.

Mir misse eus halt nur traue un emol afach domet ofange. Bei irgend aner Gelejenheit, ean der de Geschlechterzores met seine Verwerfunge im sich se greife droht, grinse mir die Fraa afach emol scheinboar unmotiviert un ganz braat o. Woas kann schun bassiern? Mir gucke ihr dobei ean die Aache un leje de Kopp e wink scheapp. – Die Wirkung werd eus ganz sicher begeistern.

Toleranz-Moster

Woas mir eus bes häi her erschlosse hu, kann sich doch schun emol seh losse. Mir sei also durchaus zouversichtlich gestimmt, während mer eus etz weirer imgucke. Die weibliche Steuerungszentrale beherberge nämlich neat nur doas ›Mama-Moster‹, woas mir auslöse kenne, se beinhalte aach bestimmte Toleranzmoster, däi of vergleichboare Wäje se erreiche sei. Wann's eus gelingt, däi se stimuliern, dann deffe mer domet reachene, deass mir eus of amol Sache erausneamme kenne, däi besher immer nur empört un kategorisch sereckgewiese woarn sei.

Im ausreichend se verstieh, wäi däi funktioniern, wern mer eus oawwer de best wearre e praktisch Beispill ogucke. Bei Hausdiergeschäfte mache sich nämlich professionelle Verkäufer e ganz ähnlich Phänomen zou Notze un do funktioniert doas ugefiehr so:

Wann so en Hausierer freundlich »Gu'n Tach« gesaht un dann erkliert hot, deass e en Staubsaucher verkaafe will, werd die Hausfraa met ganz grußer Woahrscheinlichkeit antworte, »naa, mir hu schun aan«, un werd die Dier wearre zoumache wolle. Die Aussichte sei also eigentlich miseroawel. En Hausierer kennt allerdings e Geheimnis, woas genaa domet se dou hot. E Geheimnis, uhne doas er sein Job goar neat mache kennt. Tatsächlich kann ean der Situation nämlich noch viel bassiern.

So lang, wäi die Dier noch neat fest zou eas (dann allerdings härre tatsachlich veilorn), eas fier en Profi noch alles offe oawwer besser gesaht, däi poar Sekunde, däi etz noch bleiwe, sei eigentlich eei professionell Earwedsfeald. Doas eas de Äcker, den he etz ganz zügich bestelle muss. Häi spillt sich sein Job oab, häi muss e beweise, oab e fachlich woas droff hot. Während die Hausfraa glaabt, es wir alles erim, waaß de Hausierer, deass die Würfel groad eam Moment erscht falle.

Deass säi schun en Staubsaucher hot un wearre zoumache will – ja, du läiwer Gott, doas woar doch virher jedem vernünftiche Mensch un allemol nadierlich jedem Vertreter klar. Alles annere hätt ihn woahrscheinlich vollkomme aus'm

Konzept gebroocht. So woas bassiert nie. Vir solche Fäll wern Vertreter aach goar neat geschult. Wann tatsächlich emol imetz saa deet: »Ou, doas trefft sich joa wirklich gout, mir hu nämlich kaan«, deet jeder Vertreter woahrscheinlich eans Stottern verfalle, misst sealbst die Dier wearre zoumache, un kennt sich gleich denooch en Psychotherapeut suche un imschule losse.

Mir misse oawwer häi zoum Wesentliche sereck: Säi will also die Dier zoumache un he muss hiekrieje, deass se ihrn Wille ganz schneall wearre ännert. – Wäi doas git? Ja, durch en Trick nadierlich. Met Gewalt oawwer met Argumente, däi tatsächlich fier en Staubsaucherkaaf schwätze deere, git's nadierlich neat. Es funktioniert oawwer trotzdem, weil bei de mierschte Weibsleut so en afache Wille nämlich e Struktur hot, däi so woas wäi e Soll-Bruchstell ofweist. Wann mer däi kennt un gezielt belaste kann, dann brecht de Wille genaa o der Stell ganz schneall oab un dann eas wearre alles offe. Wichtich eas dobei winger, woas tatsächlich bassiert, sondern vielmieh, woas doas, woas erkennboar bassiert, unbewusst bedeut. Doas sei die Schaltkreise, of däi sich euse Hausierer etz konzentriert.

Wann säi met de Dier schun Schwung gehällt hot, mächt de Hausierer erscht emol woas ganz Plumpes un stellt afach de Fouß zwische die Dier. Domet git he zwar – owerflächlich betroacht – e beträchtlich Risiko ean, woas oawwer eam sealwe Moment aach wearre beseiticht wern kann, eandem e gleichzeirich eabbes Eawwerraschendes säht, eabbes ganz un goar Uverhofftes, woas schlicht un ergreifend afach nur oablenkt oawwer steark irritiert. Es eas eam Grond genomme völlich egal, woas he säht, doas kann de grisste Unfuch sei, wichtich eas nur, deass die Wirkung ugefiehr so eas, wäi wann he e klaa Biebche (oaach: Wäi süüß!) aus'm Irmel gezeh hätt. Oablenkung eas ean dem Fall alles.

Psychologe hu nämlich erausgefonne, deass e Hausfraa, wann se (egal wäi oawwer woarim) erscht emol nur zoulesst, deass aner de Fouß zwische die Dier stellt, met ganz grußer Woahrscheinlichkeit dann aach nix degeje innernimmt, wann der ihr gleich denooch »ean de Wohnstubb – nur ganz kurz – e Staubsaucherkunssteckche zeiche will, woas se noch nie geseh hot«. Wann er also de Fouß zwische die Dier stellt un met em blitzschnealle Oablenkungsmannöver nur verhinnern kann, deass säi z.B. sofort laut im Hilfe plärrt oawwer ihm strack of die Noas hächt – dann horre so gout wäi gewonne. Doas klingt zwar wäi e Märche, eas oawwer tatsächlich wohr. Weibsleut sei so.

Domet hu mer woas ganz Interessantes eawwer die praktische Auswirkunge vo Toleranzmoster erfoahrt. Mir wolle allerdings kaa Staubsaucher verkaafe un freeje eus deshalb, woas doas fier eus Belange häßt.

Des ›Mama-Moster‹ bewirkt ursprünglich, deass so e Motter ihrm klaane Bub gejeeawwer verständnisvoll un noochsichtich eas, wann der sich z.B. ean seim keandliche Kopp woas serächtphantasiert. Wann e z.B. verzehlt, e hätt groad geseh, wäi en Maulwurf beim Noochber eawwer de Goardezaun gesprunge wir. Des ›Mama-Moster‹ fasst so woas neat als ›gelickt‹ of (völlich zou Rächt, wäi aach mir Voattern feststelle kenne). Vielmieh begreift's doas als e wichtich Mitteilung ean de Beziehung, däi vo do her durchaus ihr Berechtichung hot. Der Bub verzehlt den Unsinn joa nur, weil e seiner Mama domet saa will, wäi gruß he schun eas un woas er schun alles ganz allaa erleawe kann. Letztlich mächt e doas also nur, im seiner Motter se gefalle, un (dodroff kimmt's o!) doas gefällt der Motter ean dem Moment nadierlich wearre besser, wäi alles annere of de Welt. Der klaane Kearl versetzt se met seiner Fabuliererei demnooch indirekt ean en euphorische Gleckszoustand. Deshalb lesst sich so e Motter (als erwachsen Fraa, däi se joa faktisch eas) dann of so e phantastisch Geschicht ean un säht z.B.: »Ja, so woas. Däi Maulwirf hautsedoag. Woas der sich wähl dobei gedoocht hot?« Se nimmt den Ball also of un spillt en met kaum verhohlener Begeisterung wearre sereck, weil se doas Staune un den Spass ean de Keanneraache sieht un großzügich eawwer alles annere ewegguckt.

Wichtich eas häi fier eus, deass säi dobei sealbst de grisste

Spass hot, wann's Bubbche Liejegeschichte verzehlt, un deshalb speichert se doas entsprechend ean ihrm Unbewusste oab. Besser gesaht, es brennt sich als e ganz speziell Toleranzmoster ean ihrer Psyche ean un werd domet, wäi des ›Mama-Moster‹ aach, steuerungstechnisch bedeutsam.

Ob mir doas etz eigentlich so verstieh misste, deass die Toleranzmoster nur bestimmte Innerforme vo dem ›Mama-Moster‹ sei oawwer neat, soll eus häi goar neat weiresch beschäftiche. Wichtich eas nur, deass se aach wearre wirke, wäi die Schaltkreise of em Mikrochip. Ean de Weibsleut eas domet fier de Rest vo ihrm Leawe die Bereitschaft ogelegt, sich ean bestimmte Situatione belieje se losse. Mer kennt sogoar saa, Weibsleut wolle ean bestimmte Situatione beloche wern. Un zwar ean Situatione, ean dene's tatsächlich un wesentlich im emotionale Beziehunge git, während o de Owerfläch scheinboar woas ganz annersch verhannelt werd. O de Owerfläch kann dobei also des haltloseste Zeuch verzehlt un gelooche wern, deass sich die Balke bieje. Weibsleut oachte ean so em Fall nur of des Wesentliche, nämlich of die emotionale Grondströmunge. De Rest kenne se sich, wäi mir joa weirer owe festgestellt hu, met ihrm Wahrnehmungsapperoat völlich serächtboaje un bassend mache, wäi se's halt eam Moment groad brauche.

Wann mir also Weibsleut ean Situatione brenge, ean dene emotionale Gleckserfahrunge winke (weil mir z.B. die Erinnerunge o phantasierende Buwwe wachgeruffe hu), dann stieh eus alle Diern offe. Doas aale Toleranzmoster eas aktiviert un ean der Situation losse Weibsleut jeden Maulwurf fier en Turniergaul durchgieh. – Neamme mer aach dozou noch emol e praktisch Beispill un denke eus en Junggesell, der e hübsch Fraa kennegelernt hätt. Se härre aach noch emol merrenaa telefoniert, un etz wir he richtich narrich of säi un hätt se bei sich dehaam zoum Easse eangeloare. Mir stelle eus vir, deass he – je neher die Besuchszeit reckt – kaa anner klar Virstellung mieh entwickele kann, wäi deass e de läibst schun o de Wohnungsdier eawwer se herfalle deet. Des Bett horre virsorglich schun emol fresch bezeh. Allerdings nimmt he durchaus o, deass säi sich neat so schneall erimkrieje losse werd.

Doas eas joa e Situation, ean der mir Männer üblicherweise versuche, des zentrale Thema (nämlich ›Onnerim‹) met alle denkboare Mittel se eawwerspille oawwer se kaschiern. Mir bemeuhe eus dann z.B., eus vo alle mögliche goure Seire se zeiche, wäi en Profikoch met exotische Gerichte se glänze, romantische Adern virseweise, intellektuell un belease se wirke, charmant se plaudern usw. Nooch allem, woas mir groad geheart hu, eas doas oawwer goar neat zielführend, wäi mer hautsedoag säht. Woas soll doas brenge? Wu führt eus so woas hie? Wann doas alles funktioniert, dann sei mir nooch drei Stonn genauso meud wäi säi, healfe ihr galant ean de Mantel, un säi fihrt schwier beeandruckt haam un legt sich ean ihr ajen Bett.

Die Wohret eas, deass mir eus met euse übliche männliche Virstellunge un Rollemoster nur sealbst eam Wäg stieh. Mir brauche kaa charmant Klischee se bemeuhe un neat de blinkende Ritter se geawwe, der bereit eas, geje Burgmauern oserenne, sondern es muss irgendwoas Emotionales her, eabbes woas o klaane Buwwe erinnert, däi mer beim Lieje erwesche kann. Also deffe mer groad neat verstecke, deass mer narrich of säi sei. Jedenfalls neat so gout, deass säi naut mieh dovo metkrit. Aach sellte mer ean so Situatione neat versuche, souverän se wirke. Doas führt eus alles of e Oabstellglaas.

Wann mir z.B. saa, die Kocherei hätt eus neat viel Earwed gemoacht un säi merkt, deass mer debei Blout un Wasser geschweatzt hu, dann werd se doas hearzallerläibst feanne. So komme mir hie, wu mer hie wolle. Deass mir eansoweit aach gelooche hu, eas aus weiblicher Sicht neat nur belanglos un domet unschädlich. Es mächt ihr sogoar noch e prima Gefeuhl. Un so git doas weirer: Vo Kunst un Bildung se parliern, kimmt erscht dann wirklich gout o, wann säi dobei merkt, deass mer ihr nur imponiern wolle. Met Ofschneirerei geawwe mer ihr (allerdings immer oarg virsichtich dosiert) erscht de richtiche Kick. Un wann euse verschaamte Blick beim erschte Schluck Rutwei schun erahne lesst, deass mir säi de läibst of de Stell imhebbe deere, dann eas doas aach äier günstich, jedenfalls solang dobei klar eas, deass mir doas so nie prowiern deere. Wann säi bei all dem also merkt, deass mir ihr verschaamt woas virflunkern, dann mächt der Toleranz-Chip ean ihrm Kopp erscht »klick« un dann die richtich Dier off.

Fier eus Männer eas z.B. die Virstellung, ean solche Situatione en rure Kopp se krieje, en Alptraam, weil mir denke, mir seeche dann unmöglich aus un deere eus domet alle Chance verspille. Wäi mir oawwer etz weasse, wirkt doas of Weibsleut genaa entgejegesetzt. Däi kenne goar neat annerscht, wäi Glecksgefeuhle domet se verbeanne un deshalb wirn mir domm, wann mir of solche hukwirksame Mittelchen eam Beziehungspoker verzichte deere. E bessche se lieje, sich dobei erwesche se losse un dann en rure Kopp se krieje, kann e ganz ähnlich Wirkung hu, wäi met em Neuling ganz harmlos e Schachspill osefange un dann met dem ›Schäferzug‹ ratzfatz – wäi durch Zauberei – Schach un matt se bäire. Der Ofänger wird sich zwar die Aache reiwe, oawwer matt eas matt.

Wann säi also merkt, deass mir eus oabstrampele, im ihr se imponiern; deass mir eus innerlich halb verreiße, während mir cool dou; deass eus woas ganz annersch om Hearz leit, während mir vo Etikette un Ostand schwätze, dann eas se o des Bubche met seim Maulwurf erinnert un hot fier wirklich alles Verständnis. Selbst wann mir ihr zou euse durchschimmernde Oabsichte die fadenscheinichste Begründunge obäire, ean so em Toleranzmoster eas jede Menge Platz. Saa mir ihr z.B. nooch dem Easse, »es wir eus e bessche kaalt, mir härre vergeasse, die Heizung rächtzeirich osestelle. Wann säi aach friern deet, dann kennt mer sich joa sesome e bessche eans Bett kuschele. Es wir eus zwar peinlich, oawwer doas wir etz de anzich woarme Platz den mir ihr obäire kennte. Mir wellte joa schließlich neat, deass säi friern deet …«, dann registriert säi goar neat, deass se häi en oabgebreuhte un zielstrewiche Borsch vir sich hot. Es wir aach neat wirklich wichtich, wann se merke deet, deass mir vielleicht oabsichtlich die

Heizung ausgelosse härre. Naa, se nimmt nur of, wäi mir eus (innerlich hilflos un verleje) im säi oabstrampele, un dodurch werd doas aale Glecksgefeuhl ean ihr lusgetreare. So wäi durch e poar klaane Schritt eam Schnäi e riesich Lawin ausgelöst wern kann. Se säht dann vielleicht: »Guck mich o, wann de lickst« un grinst debei zwar e bessche tadelnd un streng, kann oawwer naut geje däi innerlich lusdonnernd Gefeuhlslawin mache. Wann mir dann noch leicht rut wern, weil mir eus erwescht feuhle, dann eas se hie un weg. Nix werd se etz noch dro hinnern, des woarme Bett oseneamme.

Klaa Madche

Wäi mir seh, gebt's also durchaus erstaunliche Möglichkeite, eus Geschlecht e bessche flott se mache, eandem mir eus durch en solidarische Ausdausch die praktische Zougäng zou de weibliche Steuerungsprogramme erschläiße. Un dobei hu mir noch längst neat eawwer alles geschwätzt. Ean jeder erwachsen Fraa steckt z.B. aach e klaa Madche, woas eus eam Oschluss o doas, woas mir groad vom ›Mama-Moster‹ geheart hu, vielleicht erscht emol irritiern werd, weil mir denke, des Ane misst des Anner ausschläiße. Doas entstammt oawwer wearre euser männlich Oart se denke. Solche Gejesätz kenne ean Weibsleut, wäi mir weirer owe schun geseh hu, ganz gout dicht neawichenaa bestieh.

Mir misse eus doas so virstelle, deass Weibsleut verschiedene psychische Ich Zoustenn ean sich hu, zwische dene se ganz leicht hie un her schalte kenne, sodeass immer nur aner aktuell ean Betrieb eas. Aner vo dene Ich-Zoustenn eas des ›Mama-Moster‹ un en annere des ›klaane Madche‹. Un aach doas Moster kenne mir osteuern un aktiviern, wann mir kapiert hu, wäi's funktioniert. Der Zougang läft nämlich häi eawwer ganz bestimmte Bedürfnisse, däi relativ leicht aussemache sei. – Mir hu joa z.B. geseh, deass Weibsleut e däif verwurzelt Bedürfnis ean sich traa, vo ihre Männer verstanne se wern, uhne sealbst dofier eabbes dou se misse (also uhne sich sealbst ausreichen klar ausdrecke se misse). Doas zeicht eus erschtens ganz deutlich, wäi weitraechend sich doas ›Madche‹ eam Leawe vo de erwachsene Weibsleut auswirkt, un zwaatens kenne mir eansoweit dovo ausgieh, deass mir eawwer doas Bedürfnis (verstanne se wern) doas ›Madche‹ wearre direkt erreiche. Dozou misse mir allerdings des nieriche Fenagerspetzegefeuhl ofbrenge.

Märchestonn

Mir stelle eus vir, en Mann hätt aus irgendaam Grond uhne sei Fraa bei er Huchzetsfeier se dou gehoat. Doas eas zwar äier unwoahrscheinlich, weil sich Weibsleut so woas nie entgieh losse. Fier eus Zwecke kenne mir häi oawwer dovo ausgieh, he hätt nur woas oabgeawwe solle (saa mer emol, e üblich Gratulationskoart ean em weiße Kweart) un wir denooch gleich wearre haamgekomme.

Wann he etz de Dier ereankimmt un so dout, wäi wann e nur zoum Eankaafe fort geweast wir, dann kann's sei, deass säi dovo die Krise krit. Jedenfalls eas se met so em Verhale völlich eawwerfärret. Er woar schließlich bei er Huchzet, wann aach nur, im woas oabsegeawwe, un verzehlt neat gleich rapportmäßich ean alle Anzelheite wäi's woar. So woas kann se nur als e ungeheuerlich Missoachtung vo ihrer Person offasse. Speetestens dann, wann säi ihn etz empört oguckt un nur säht: »Un?«, muss he ihr Empörung registriern un sich o des ›Madche‹ erinnern, woas ubedingt verstanne wern muss. Doas Klaa setzt nämlich viraus, deass he waaß, wäi Weibsleut ean so Situatione denke un empfeanne un deass he deshalb vo sich aus ahnt, wäi verzehrend säi droff gewoart hot se erfoahrn, wäi's woar. Schließlich git's im e Huchzet!

Fier säi eas schlichtweg bedeutungslos, wäi er doas als Mann erleabt. Deass ihn doas z.B. fier kaa fünf Fenning interessiert, un deass e sich goar neat virstelle kann, woas dodro so wichtich sei soll. ›Woas will se dann eigentlich?‹ werre sich denke, ›woas gebt's do gruß se verzehle?‹ E Huchzet eas fier ihn so woas ähnliches, wäi en grissere Geburtsdoag un däi gebt's schließlich ständich. Außerdem seh Huchzete immer un eawwerall gleich aus. Wer emol a erleabt hot – schließlich hu se joa sealbst geheuroat –, der kennt se all minaa. Doas eas doch immer des gleiche Brimborium. Woas sellt he do etz berichte? Un dann kimmt aach noch dezou, deass e kaum woas metgekrit hot vo de eigentlich Feier, weil e joa nur des Kweart oabsegeawwe hatt. E freegt sich mittlerweile woahrscheinlich sealbst, woas e dann eawwerhaapt geseh hot.

So e Sichtweis (so woas Verstocktes) eas ean ihrer Welt allerdings e völlich Unmöglichkeit. Doas kann säi sich wearre eawwerhaapt neat virstelle. Säi denkt nur empört: ›Also, doas gebt's doch neat! Der kimmt vo de Huchzet haam, waaß ganz genaa, wäi gespannt aech sei, un verzehlt noch neat emol woas. Der dout doch groad so, wäi wann aech goar neat do wir. Wäi wann doas alles naut wert wir, woas aech häi de läiwe lange Doag dehaam erim mache. Haaptsach, er woar joa do un hot alles geseh. De Fraa dehaam brauch mer joa naut se verzehle...‹ usw. Kurz gesaht: Se feuhlt sich neat ästemiert.

Etz eas es nadierlich so, deass sich die Geschlechter o der Stell nie ganz verstieh wern. Doas werd immer e bessche holwern, dodro kann kaan Mensch woas mache. Wann mir oawwer weasse, deass es neat im wirkliches Verständnis git, sondern nur dodrim, däi spezifisch Bedürfnisstruktur vo dem »Madche« se befriediche, dann eas doas e Ofgoab, däi mir löse kenne. Mir solle als Mann joa eigentlich nur emotional verstieh, deass säi neuschierich eas, un zwar so, wäi e klaa Madche neuschierich eas, wann de Voatter aus de Stadt haamkimmt. Der soll nadierlich die ganz Zeit, wäi e ean de Stoadt criingelaafe eas, nur o ihs gedoocht hu. So, wäi ihs joa aach o ihn gedoocht hot. Un metbrenge muss he nadierlich aach woas. Dodrim git's. Dann feuhlt sich so e Madche ausreichend ästemiert.

Es kann fier eus also neat drim gieh, en Bericht oabseliwwern, der Reachenschaft eawwer die tatsächliche Fakte gebt. Mir misse nur irgendwoas verzehle, im halt se verzehle. Des Verzehle o sich eas des Metgebroochte aus de Stoadt. Dobei eas allerdings huk bedeutsam, deass mir – sosesaa keandgemäß – vo dem schwätze, woas die Fraa interessiert. So wäi mer seiner Dochter sealbstverständlich kaan naue Ofsatz fier die Bohrmaschin aus de Stoadt metbrenge kann (woas nadierlich schun optimal wir), will die Fraa aach naut dovo weasse, deass däi ean de Wertschaft extroa nur weje de Huchzet die Bäiersort gewechselt harre, un deass eam Kealler de Fernseh ofgebaut woar weje de Sportschau. O der Stell misse mer oachtbasse.

Wann säi also neat ganz speziell freegt, sodeass mir kaa Virstellung dovo entwickele kenne, woas se dann eawwerhaapt will, wann se afach nur »Un?« freegt, misse mersche geschickt aus de Reserve locke, eandem mer z.B. so woas Sinnloses saa wäi: »No, du seist joa richtich neuschierich«, oawwer: »Ei, du seist joa so ofgeregt, wäi e klaa Madche.« Dann feuhlt se sich verstanne (vo ihrm Babba, der etz geweass gleich auspackt, woas e die ganz Zeit ean de Stoadt fier ihs sesomegekaaft hot) un dann säht se aach bereitwillich, wuvo däi Geschicht hannele soll, däi se etz verzehlt krieje will: »Ja, wäi soach dann die Braut aus?«

›Grußer Gott‹, werd's ihm dann vielleicht durch de Kopp schäiße, ›doas deaff doch neat wohr sei. Wäi werd die Braut schun ausgeseh hu. So, wäi e Braut halt aussieht ...‹ Mir deffe eus oawwer nix dovo omerke losse un misse nur immer weirer o des ›Madche‹ denke. Inner kaane Imstenn deffe mir also stur of de erwachsene Realitäte bestieh un z.B. saa: »Ei, wäi se halt all aussch: weiß.« Domet deere mir nur ihr schleammste Befürchtunge bestätiche. Weil mir schließlich woas Schienes metgebroocht hu misse, losse mer eus aach woas Entsprechendes eanfalle un saa z.B., eandem mer e Gesicht wäi Heilichowend mache: »Oaach – schiie!« Un während mir dann ofange, vo Anzelheite se verzehle, seh mer schun aus de Aachewinkel, wäi ihr Gesicht dobei gebannt metgit un ofingt se strahle. Mir dou so, wäi wann mir vo völliche Neawesächlichkeite woas wesste, deass se z.B. vir lauter Ofrejung ganz rure Uhrn hatt, un mache met irgendwoas weirer, woas mer sich o er Braut noch all virstelle kann: ›Se hat die Hoorn so e bessche, häi so *(udeutliche Geste im de Kopp erim)*, mer konnt's neat richtich seh, weil – es woar so irgendwäi de Schleier dreawwer ...‹ Es schoad eawwerhaapt naut, wann mir dobei eam Ugefiehre bleiwe un sosesaa nur eam Niwwel erimstochern. Eus Männer werd häi durchaus zougestanne, deass mir eam Bezug of solche Feinheite nur eawwer zimlich träuwe Wahrnehmunge verfüche. Bereitwillich losse mir eus vo all ihre Frooche lenke un laare, aach wann däi en Mann normalerweise völlich eawwerfärren, un weasse wirklich zou allem woas se saa. »Hat se Uhrring o?« (Mir denke nur immer o 's Madche.) »Joajoahh. – Wäi soll aech saa ...« Äußerlich ganz rouhich, losse mir euser Phantasie freie Laaf. Ob se Pearle oawwer woas annersch eam Uhr hat, kann joa durch de Koppschmuck verdeckt geweast sei. Des Madche eas aach zwischezeitlich so gespannt beim Auspacke, deass es eus met seine Frooche schun genau do hielaat, wu's fier ihs om Schienste eas: »Un woas fier e Foarb hat des Klaad?« (Achtung! Of goar kaan Fall deffe mir saa: »Weiß.« Nur fier Männer sei Brautklaarer weiß.) »Oahh, doas woar so – neat so richtich weiß, wäi soll aech saa ...«, dann krieje mir schun weirergeholfe vo ihr, eandem se z.B. ofingt, alle denkboare foarbliche Unmerklichkeite wäi ean em Mosterkatelog herseblerren: ›Crème‹, ›Champagner‹ usw. Dovo suche mir eus dann irgendwoas aus. Es kann aach sei, deass se sich ean ihrer Begeisterung häi schun sealbst wearre innerbrecht un die Antwort allaa feardich mächt: »Aech waaß schun. Des Annelies hat joa verzehlt – jaja, aech waaß schun.«

Wann mir met euser Phantasie irgendwäi eans Stocke komme, woas ean so er Situation joa immer emol möglich eas, kenne mer eus ganz leicht rette, eandem mer so dou, wäi wann eus groad noch woas ganz Wichtiches eangefalle wir: »Ach, doas härr ich etz baald vergeasse. Of 'm Kopp hatt se noch so e raffiniert Deank, doas so e bessche noch voarne ean die Stirn gezeh woar ...« So woas wirkt dann wäi e Eawwerraschung ean de Eawwerraschung un lenkt honnertprozentich vo euse defizitäre Verhältnisse oab.

Alle denkboare Kontrollfrooche, wäi z.B.: »Du maanst

doch neat en afache Schleier?«, kenne mir ganz rouhich un nooch dem immer gleiche Moster oabhannele: »Naaa! En Schleier hat se nadierlich aach, oawwer der geheart joa sowieso dezou ...« usw. Mir brauche aach kaa Engst se hu, deass doas stonnelang so weirergieh kennt un deass mir eus deshalb baald ean euse ajene Schilderunge verfange wern. Des wirklich Wichtiche o euse Mitteilunge eas eigentlich nur däi Fabuliererei, däi dodurch ean dem spezielle Ich-Zoustand vo de Fraa ean Gang gesetzt werd, un wäi mir schun festgestellt harre, hearn un seh Weibsleut eam Wesentliche doas, woas se heran un seh wolle. Mir wern also ean relativ kurzer Zeit erleawe, deass eus ›Madche‹ ganz sefriere eas un sich strahlend met ihrm Metbrengsel sereckzäiht. Doas häßt, die Fraa werd glecklich dodreawwer sei, wäi schie sich ihr Mann of de Huchzet alles nur deshalb so gout gemerkt hot, ims ihr beim Haamkomme ganz genaa verzehle se kenne. Se feuhlt sich ästemiert un eam gesellschaftliche Leawe sosesaa ausreichend eam Bild.

Kasperletheater

Ganz ähnlich eas doas met dem weibliche Bedürfnis, innerhale se wern. (Es git also neat im Verständnis, sondern im Entertainment.) Aach doas kimmt aus dem Ich-Zoustand ›klaa Madche‹ un aach häi kenne mir – of dem imgekihrte Wäg – des ›Madche‹ wearre met relativ afache Mittel erreiche un ean eusem Sinn stimuliern.

Neamme mer des Beispill vo em normale Bujemaster. Em Mann also, der sei gesamt Verhale haaptsächlich dodro ausrichte muss, deass e wearrergewehlt wern will. Schließlich mache die Weibsleut ugefiehr die Hälft vom Wahlvolk aus un domet aach ca. 50% vo alle mögliche Steamme. Doas eas wahlentscheidend un domet e zentral Problem fier jeden Bujemaster. Un woas brengt Weibsleut dozou, ihn wearrersewehle? Gleichberechtichung, Familiepolitik, Frauenförderung usw., doas eas nadierlich klar. Oawwer doas weasse joa alle annern Bewerber aach un mache sich deshalb ean den

Bereiche schun entsprechend braat. Häi eas so en Konkurrenzkampf demnooch neat se geweanne. Allerdings weasse die annern neat, deass es goure Möglichkeite gebt, die ›klaane Marerchen‹ eam Wahlvolk osesteuern un domet Erstaunliches se bewirke. Mir hu joa geseh, wäi stärk sich doas Bedürfnis, innerhale se wern, sogoar schun bei leutselichem Gebabbel eawwer Knitterwäsch auswirke kann. Un vergleichboare Ergebnisse kenne mir met Rächt aach häi erwoarte.

Mir empfehle demnooch eusem Bujemaster, sich neat dofier se interessiern, woas Weibsleut vernünfticherweis brauche (Frauenförderung usw.), sondern sich dreawwer klar se wern, woas en gefeuhlsmäßich fehlt, of woas se reagiern, wudroff se also fläije. Ganz konkret häßt doas, deass mir ihm z.B. saa, e soll doch, wann e schun Personalkoste ean de Verwaltung sparn muss, wäi sei Konkurrente aach, doas so geschickt mache, deass afach de Unterhaltungswert dobei sprunghaft osteit. Wann z.B. die Telefonzentrale modernisiert wern muss. Die Automatisierung hot häi wirklich viel Kurzweil se bäire. He kann dobei erschtens die bewährt Tonbandmussik eansetze: ›Schneewalzer‹, ›Für Elise‹, ›Zillertaler Hochzeitsmarsch‹ (weje dem Schlisselreiz ›Huchzet‹) usw. – Neawebei gesaht: Die Tatsach, deass es sich bei all dem Zeuch, woas mer so Doag fier Doag ean de verschiedenste Telefonwoarteschleife eawwer sich ergieh losse muss, eigentlich im growe Forme vo Belästichung hannelt, misse mer häi stur ignoriern un immer weirer o eus 50% ›klaane Marerchen‹ denke. Es kann zwar sei, deass däi ganz Belästichungskltur, däi sich diesbezuglich ean euser Gesellschaft braat gemoacht hot, genaa met dem se dou hot, woas mir eusem Bujemaster häi groad rorc wolle. Oawwer ot so woas kann der nadierlich kaa Recksicht neamme, wann e die nächst Wohl geweanne will.

Etz oawwer sereck: Erschtens soll he fier die richtich Unterhaltungsmussik sorje. Zwaatens oawwer – un doas eas de geniale Trick bei der Sach – muss doas Gedudel durch interaktive Technik ofgepeppt wern. Doas eas deshalb so wichtich, weil die ›Marerchen‹ dann neat nur woas Schienes se hearn krieje, sondern aach richtich e bessche metmache deffe, un doas steigert de Unterhaltungswert ganz rasant. Wubei nadierlich droff geoacht wern muss, deass die Handhabung neat zou kompliziert werd. Se muss leicht se verstieh sei, un de Effekt sellt immer woas Eawwerraschendes hu. Doas eas wäi beim Kreuzwoarträtsel. Wann's irgendwäi zou schwierich werd, verliern se sofort die Lost. Deshalb misse immer klaane Belohnungseffekte zwischedurch eangebaut sei, domet se ihr Spilltrieb ganz automatisch of die richtich Spur lockt.

Es kennt demnooch so eangericht wern, deass mer, wann mer bei de Gemaa orifft, erscht emol ›Für Elise‹ se hearn krit, bevir sich eawwerhaapt imetz meldt. Weibsleut feanne doas klasse, weil se däi Melodie kenne (aach wann se se neat met Beethoven ean Verbindung brenge). Doas heart sich e bessche fei un virnehm o, oawwer trotzdem doch aach schlicht un häuslich. Se feuhle sich dann gleich irgendwäi ofgehuwe un dehaam. Zwischedurch muss e freundlich un ausgeschloofen Weibsmensch vom Tonband eroab immer wearre oabwechselnd saa: »Please hold the line.« – »Bitte warten.« – »Rester en ligne, s'il vous plaît.« – Doas mächt Eandruck, weje dem internationale Ton bei sich dehaam of de Gemaa un weil Weibsleut dann denke, es wir häi ganz schie viel se dou. Woas sich joa baares nur positiv of die Wertschätzung fier euse Bujemaster auswirke kann.

Dann muss e uverbraucht un sympathisch Steamm vo em jingere Mann (däi soll unbewusst o euse Chef eam Rathaus erinnern) aus'm Hörer komme: »Hier ist der Telefonanschluss der Gemeinde Dingeldangel (nur emol als neutral Beispill), sie können sich selbst vermitteln. Möchten Sie das Bauamt sprechen, so sagen Sie bitte ›eins‹. Möchten Sie das Bürgertelefon oder irgend eine andere Stelle, dann sprechen Sie bitte ›zwei‹. Bitte sprechen Sie nach dem Signalton.«

So woas eas fier des weibliche Bedürfnis, innerhale se wern, genaa des Richtiche. Fier die ›klaane Marerchen‹ eas doas ugefiehr so, wäi wann mer ganz eawwerraschend met ihne of en Kirmesplatz geng. Un doas bewirkt ean de erwachsene Weibsleut, deass se vo der Innovationsfreude of ihrer Gemaa un dem technische Entwicklungsstand völlich eangenomme sei. (Während mir Männer dodreawwer, je nooch Temperament, entweder schallend lache oawwer ärjerlich ofleje. – Oawwer baares. Dodrim git's häi oawwer neat.) Die »Marerchen« sei eweil ofgereegt, hu Schmetterlinge eam Bauch, freeje sich, oab wirklich säi domet gemaant sei, däi häi ›eins‹ oawwer ›zwei‹ saa solle; ob se doas richtich verstanne hu un ob se sich dann wirklich traue solle, etz woas se saa. Oawwer ob's mittlerweile schun wearre irgendwäi se speet eas: »Wäi woar doas, wann soll mer ›ans‹ saa? – Wuhie wollt aech dann eigentlich? Also ich saa afach emol ›zwaa‹. Werd schun neat so schleamm sei: – ›Zwei!‹ – So, doas wir geschafft. Un etz? Ei, doas eas joa richtich ofrejend.« Un wann dann erscht de Piep durch die Leitung ogetruddelt kimmt, denke se ›Achherrjeh!‹ un sei weirer ganz nervös, wäi wann se des erschte mol allaa eans Kino deffte: »Also noch emol, schneall, hoffentlich git's noch: – Zwei!«

De Unterhaltungswert vo so em geringe technische Ofwand kann fier eus ›Marerchen‹ goar neat huk genunk eangeschätzt wern. Un doas scheckt of jeden Fall, im se völlich fier euse Bujemaster se geweanne. Sealbst wann's denooch dann eam Hörer knackse deet un wearre die Mussik keem un dann wearre e Geknacks un schließlich des Besetzt-Tute, dodroff keem's all naut mieh o. Es kennt sogoar om Schluss de Hinweis komme, deass se die Auskunft oruffe solle oawwer die Mussik kennt spille, ›Üb immer Treu nooch Möglichkeit‹ oawwer ›Du bist verrückt, mein Kind‹. Doas deet eus ›Marerchen‹ alles neat mieh vo ihrer Zoustimmung oabbrenge. Se sei längst völlich eawwerzeucht vo dem Bujemaster, der en ganz naue Weand ean die Gemaa brengt, der e bessche modern eas un weltoffe. En Mann, met dem mer sich seh losse kann un der neat so langweilich eas. Se sei fruh, deass se sich etz aach neat mieh schaame misse, ean Dingeldangel se wohne, wann emol imetz vo ihre Bekannte aus de Stoadt zoufällich of de Gemaa orifft. Goar nix werd se etz noch vo ihrer Parteinahme oabbrenge kenne. – Sealbst wann mersche konkret freeje deet, woas genau se dann eigentlich

so toll feanne oawwer woas däi Unterhaltungselektronik fier
säi praktisch gebroocht hätt. Se deere hikstens antworte: »Ja,
erreicht harr aech zwar naut un oruffe deer aech do nadier-
lich aach naut mieh. Mer muss dann halt wearre hiegieh.
Oawwer doas met der Technik, doas eas schun … also, aech
muss saa, feann ich spitze. Härr aech neat gedoocht.
Mer feuhlt sich afach neat mieh so – hinnerm Mond, irgend-
wäi.«
  Ja, genau: irgendwäi. Doas eas eus Stichwoart. Genau do-
droff harre mir spekeliert. Es werd zoum Schluss zwar nie-
metz weasse, woarim de Bujemaster wearrergewehlt woarn
eas. Oawwer woas aach immer o kommunalpolitische Be-
gründunge fier sein Sieg virgebroocht wern kann, aans eas
sicher: Gout berore woar he jedenfalls. Met sei'm elektroni-
sche Kasperletheater horre richtich oabgerammt.

Prinzesschen
Noch e anner zentral Bedürfnis, woas eus zou dem Keand-
moster hieführt, un uhne doas mir ean eusem Leitfoarrem
kaum auskomme wern, eas: Weibsleut wolle »noochgelaafe
krieje«. Doas werd allerdings vo eus Männer met beängsti-
gender Rejelmäßichkeit falsch ofgefasst un deshalb misse
mer eus doas häi wearre genauer betroachte. Met ›hinnerher-
laafe‹ hot doas nämlich naut se dou. Wann mir z.B. sonn-
doags met de Fraa dehaam sei, saa mer emol, es wir en uge-
mütliche Novemberdoag un eus wirsch e bessche langweilich,
weil mir draußé 'rim naut mieh se dou hu; wann mir also o so
em Doag dehaam naut met eus osefange weasse, un mir laa-
fe de Fraa hinnerher, vo de Wohnstubb ean die Kich un wear-
re sereck, dann feuhlt däi sich kontrolliert. Se erleabt eus als
lästich un freegt innerhalb kearzester Zeit z.B. grantich:
»Woas läfste dann als hinner mer her?« Hinnerherlaafe eas
also neat des Richtiche.
  Im des Risiko se vermeire, immer wearre emol of ganaa
den Holzwäg se gerore, misse mir versuche, die Struktur vo
dem Bedürfnis (›noochgelaafe se krieje‹) vo ihre Grondloache

her ausreichend se verstieh. Dobei helft eus die Hospitalismus-Forschung, däi schun vir viele Johrzehnte erstaunliche Ergebnisse gezeiticht hot. Eansichte, däi mir uhne weiresch of eus Problemstellung eawwertraa kenne. Es hot sich nämlich erausgestellt, deass menschliche Säuglinge ganz allaa dovo stearwe kenne, deass mer ihne neat richtich ›noochläft‹. Also nadierlich eam eawwertraate Sinn. Verkearzt gesaht bleiwe Babys neat freiwillich om Leawe, se wolle dozou irgendwäi ständich beschwätzt – mer kennt vielleicht aach saa: verlockt oawwer eawwerredet – wern. Un doas soll eus häi healfe, die zougehörich weibliche Bedürfnisstruktur gründlich genunk se begreife.

Wann mer Babys ean irgendwelche Keannerklinike ean ganz normale Bettchen legt un alles fiersche dout, woas se rein körperlich zoum Leawe brauche, se also rejelmäßich weckelt, feuret, zoudeckt usw., un nadierlich aach normal heizt un left, dann stearwe däi trotzdem wäi die Flieje. Es fehlt en also gleichwähl o woas ganz Wesentlichem. Zou ihre existentielle Grondbedürfnisse geheart offensichtlich mieh, wäi nur soat un sawer se sei.

Doas offälliche Stearwe hot sofort e Enn, wann mer ihne zousätzlich ›noochläft‹, so wäi doas jed normal Motter instinktiv mächt. Woas eus Männer eansoweit manchmol schun eawwertreawwe virkomme kann, nämlich wirklich ständich im so en Säugling erimsemache (Fläschche, Schnuller, Beißring, Rasselche, ofhewe, hieleje, windele, Schlabberlätzche, Strambelhose, Käppche of, Käppche oab, spazierngieh, hei-ja-mache un dann groad alles wearre vo voarne), eas fier Babys existenziell wichtich, domet se om Leawe bleiwe. Doas permanente »Tuzzi-tuzzi«, »Kille-kille«, »Tatt-tatt-taa«, »Ei-wäi-fei« vo Ellen, Großellen, Onkels, Tante, Noochbern usw. hot eansoweit sein däifere Sinn un kann vo den klaane Wirmchen letztlich neat vermisst wern.

Als Zwischeergebnis hale mer demnooch fest, deass mir vir dem Hospitalismus-Hinnergrond neat nur besser verstieh kenne, woarim die ›Marerchen‹ ean euse Weibsleut ›noochgelaafe krieje‹ misse, sondern aach, woarim eus Männer doas (owerflächlich betroacht) manchmol eawwerspannt virkimmt. Etz oawwer weirer:

Es eas woahrscheinlich so, deass sich doas, woas om Ofang fier alle Babys gellt, irgendwann ean de erschte Johrn geschlechtsspezifisch weirerentwickelt. Doas muss joa aach so sei. Woas sellt doas speeter sonst geawwe, wann mir Männer aach all ›noochgelaafe krieje‹ misste. Es bleb doch letztlich fier die Laaferei niemetz eawwerich. Un dodraus schläiße mir, deass die ›Marerchen‹ mieh oawwer winger of dem ursprüngliche Moster setze bleiwe, während sich doas bei eus Buwwe relativ schneall ausweest. Mir entwickele dofier nooch un nooch des bassende Gejesteck dezou. Doas eas genetisch gesteuert un reift während de Pubertät zoum wichtichste anthropologische Verhaltensmoster eawwerhaapt aus, weil letztlich nur dodreawwer de Fortbestand vo de Menschheit gesichert wern kann.

Doas Programm, woas sich of däi Oart ean eus Männer ausformt, eas also ean eusem gesamte Geschlecht universell ausgeprägt un bedeut eam Grond nix annersch, wäi deass jeder Kearl die Neigung hot, jedem Weibsmensch irgendwäi ›hinnerhersemache‹. Domet hu mer so woas wäi e Leitmotiv ean euse männliche Orientierunge vir Aache, geje doas schun allaa deshalb naut Grondsätzliches gesaht wern kann, weil joa des passive Gejesteck bei de Weibsleut genauso generalisiert virleit. Wann die ane ofs ›Hinnerhermache‹ programmiert sei un die annern ofs ›Noochgelaafekrieje‹, dann basst doas vo de Grondstruktur her prima sesome un eas ethisch eansoweit unbedenklich. – Probleme entstieh nur deshalb, weil aach häi wearre (wäi immer un eawwerall) de Deuwel eam Detail stekkt. Während nämlich ean de männlich Entwicklung des anthropologische Grondbedürfnis aus em passive ean e aktiv Moster imgewandelt werd, entstit der bedeutsame Innerschied, den mir zwische dem »Hinnerhermache« un dem »Noochlaafe« groad beschreawwe hu, quasi ugewollt neawebei met. Als unerwünscht Begleiterscheinung sosesaa. Un doas verkompliziert bei näherer Betroachtung die Geschlechtsbeziehunge erheblich.

Wann jeder Kearl jedem Rock hinnerhermächt, dann brengt doas fier die Weibsleut Begleiterscheinunge met sich, däi neat wirklich ean ihrm Interesse leije kenne. Doas eas relativ leicht noochsevollzäihe, wann mir eus emol ean die Roll vo em anzelne Weibsmensch eneannversetze. Deass jeder maant, sosesaa programmmäßich o aam erimknuspern se misse, häßt sealbstverständlich aach, immer wearre dem Geknusper vo ganz un goar unappetitliche Konne, Uffleet, Knallkepp usw. ausgesetzt se sei. Un fier en neat unerhebliche Daal vo euse Geschlechtsgenosse (mir wolle ehrlich sei) misst mer eigentlich doas Programm oabschalte kenne, weil se permanent die ganz Innung blamiern, un domet letztlich sogoar des Eawwerleawe vo de Gattung ean Gefohr brenge. Mir erinnern eus häi o doas phänomenale »Gesamtkunstwerk ean Radlerhose«.

Domet werd zwaaerla deutlich: Erschtens hu alle »Marerchen« doas Bedürfnis, deass ihne ubedingt aner vo de ›richtiche‹ Type noochläft un neat jederaner. Zwaatens innerschare se dobei neat nur nooch Type, sondern aach nooch Technike. (Mir erinnern eus o ugemütliche Novemberdoache dehaam). Es eas nämlich durchaus denkboar, deass aner vo de richtiche Type sich bei de Noochlaaferei so dabbich ostellt, deass e säi domet ean die Flucht treibt. Un doas häßt fier eus: Wann ihne eus Noochlaaftechnik zousäht – wann mir alles richtich mache, wann mir met Schlisselreize imgieh kenne un woas vo de richtich Dosis verstieh –, dann werd's woas. Sonst läft nix. Do kann de tollste Typ doherkomme, wann e die verkiehrt Dier offmächt, eas Feierowend. De richtiche Kearl eas demnooch a Sach, die Prozedur e anner. Basse muss immer baares.

Noochlaaf-Technik
Mir sei virläufich also erscht emol so weit gekomme, deass mir des richtiche Noochlaafe vo seine Grondloache her erfasst un verstanne hu. Dodurch eas eus allerdings klar gewoarn, deass es sich wearre im e zimlich kompliziert Geschicht hannelt:

Die Prozedur hot bestimmte Rejele, eawwer däi üblicherweise neat geschwätzt werd, vo dene mir oawwer ganz steark oabhängich sei; es gebt Eskalationsstufe un Tabus, däi mer nie außer Oacht losse deaff; bestimmte Geste sei Standard un wern afach erwoart, wann mersche allerdings neat beherrscht, fläit mer aus de erscht Kurv schun eraus. Deshalb misse mir etz virsichtich sei, wann mer de Versuch innerneamme, eus e Handlungskonzept serächtseleje, met dem mir künftich leichter durch den Noochlaaf-Dschungel feanne. Om afachste geng doas nadierlich, wann mir eus e Lihrbeispill (wäi so e Oart Leitvirstellung) ganz fest eanpräge deere. Mir härre dann immer e leuchtend Moster vir Aache, o dem mir eus ean alle Zweifelsfäll orientiern kennte.

So woas neamme mer de best direkt aus de Natur, weil sich aus euser animalisch Herkunft eraus aach die Funktionsweis vo de menschliche Geschlechtskontakte immer noch om beste erschläiße lesst. Häi erkenne mir oft ganz deutlich, wäi die Balzrituale strack un zielstrewich oablaafe, un of woas es wesentlich okimmt. Wann mir eus z.B. die Zeit neamme un die Dawwe beowoachte, wäi se gurre un imenaa erimmache, hu mer alles wäi e offe Buch vir eus leije. Nur guckt vo eus Männer do fier gewöhnlich kaaner hie.

Do kimmt säi z.B. ogefleh un setzt sich of des Flachdach vom Noochber. Eigentlich kimmt se joa neat gefleh, sondern herrschaftlich ereanngeschwebt – wäi aus annern Verhältnisse. So, wäi wann se en Ausflug met Gefolge mache deet. De obligatorische Däuwer fläit nämlich genauso dicht wäi nervös hinner ihr her un läft ihr aach of'm Dach gleich weirer nooch, während säi desinteressiert dout un sich scheinboar ean de Gejend imguckt.

Ihn scheint dobei ihr herrschaftliches Gehabe erscht richtich se motiviern. E hält e Gegurr un e Gepluster, wäi wann e saa wellt: ›Guck her, aech geawwe alles!‹, mächt hektisch met dem Kopp roff un roab, wäi wann e aan Diener nooch em annern mache deet, earbt sich ean die Raschie, bleest sich of, läft eam Kraas usw. (Letztlich sei doas alles Standards, däi vo ihm erwoart wern. Uhne doas deet grondsätzlich goar naut laafe.)

Ean seim Gegockel find all der Wearrersinn en Ausdruck, den so en eawwerloarene männliche Hormonhaushalt met sich brengt. Of de a Seit scheint e se signalisiern: ›Aech sei de Tollste vo en all. Aech sei neat irgendaan Däuwer, aech sei der Däuwer schlächthie.‹ (Doas werd vermutlich doas klaane Däubche ean ihr unbewusst o ihrn anziche Babba erinnern.) Gleichzeirich signalisiert he ean innerwürficher Dienstbereitschaft oawwer aach: ›Aech mache alles, wann de mich nur dein anziche Däuwer sei lesst. Wann de willst, lej' aech mein Fliejel häi eawwer den Vuchelscheass, demet de dir die Feuß neat dreackich mächst, wann de dreawwer läfst.‹ Vo auße betroacht, eas he also ean em eindeutich desolate Zoustand, merkt oawwer sealbst scheint's nix devo. Eam Gejedaal, e rennt als mieh hie un her un werd immer noch ofgeregter. Dobei wirkt e schun so oabgedreht, deass mer ofingt, sich im sei Gesundheit Gedanke se mache.

Säi scheint allerdings sei Eawwertreiwunge äier beiläufich se registriern un hält se vermutlich fier sealbstverständlich. Ansonsten dout se weirer herrschaftlich un lesst die virnehm Tendenz – sich inner Imstenn gleich fürchterlich se langweile – immer wearre emol gekonnt durchblicke. Woahrscheinlich git's ihr groad prima, während se sich udeutlich, oawwer doch ständich, o ihrn anziche Babba erinnert feuhlt. Uhne so rächt se ahne, woarim.

Etz hot er ean seiner Ofrejung un bei seim Programmgedappel goar neat gemerkt, deass e als grissere Kraase im säi erim gelaafe eas un deass e sich domet aach weirer vo ihr entfernt hot. Woas offensichtlich sofort zou er Oart Entspannung un Berouhichung beiträt. Un wäi e säi eansoweit aus de Aache verliert, scheint e aach se spiern, deass ihn sei

Ogeawwerei schun ganz schie Kraft gekost hot. E läft neat mieh so schneall, kimmt scheint's wearre langsam zou sich, un of amol merkt me'm aach o, wäi aalt e schun eas. Un wäi e eweil noch o de Rand vo dem Flachdach kimmt, wirkt e schun wearre ganz normal, bleibt stieh un guckt emol enoab nooch de Spatze eam Hob, däi sich do onne im e poar Kearner zenke.

Eam sealwe Moment scheint säi allerdings (woas en Zoufall) ihr erhabene Landschaftsbetroachtunge ofsegeawwe un hebt de Kopp nooch ihm. Wäi e Gutsherrin, däi kontrolloartich weasse will, met woas sich do eigentlich groad des Gesinde beschäfticht, git se sofort e poar Schritt ean sei Richtung un mächt en lange Hals, während er ihr oabwesend de Recke zoudreht un als noch eawwer die Dachkant guckt.

»Aha! – Der hot doch tatsächlich ofgehiert, ihr noochselaafe? Aaler Schlappsack. Doas gebt's doch wähl neat. Woas guckt der dann do?« Neuschierich läft se strack bes neawich ihn o die Dachkant un guckt hikstsealbst enoab: »Däi alwerne Spatze. Also, doas eas doch ...« Se wefft ihm en empörte Blick zou un mächt ugeniert zwaa kurze seitliche Schrittchen bes dicht o ihn dro.

Oawwer he guckt weirer ganz rouhich nooch de Spatze un ihre poar Kearner. E scheint tatsächlich jeden Gedanke os ›Noochlaafe‹ verlorn se hu. – »Also so woas!«

Weje der Leitvirstellung, däi doas fier eus hu soll, hale mer häi zwischedurch schun emol fest, deass he weder ofhiern deaff, begeistert un met vollem Eansatz sei Programm oabsespule, noch deaff e dobei eawwertreiwe. Wann sei Innerwürfichkeit nämlich goar kaa Grenze erkenne lesst, steit ihr doas ean de Kopp un ihr Herrschaftsroll git psychisch met ihr durch. Dann kann he sich (uhne jed Aussicht of Erfolg) oabrenne, bes e dut imfällt.

Welche praktische Auswirkunge doas hu kann, lesst sich z.B. dodro erkenne, deass säi sich genau ean dem Moment o ihr ajen Roll erinnert (un begreift, deass se ihm neat zou viel oabverlange deaff), wäi er vo seim Programm oabgelenkt werd un met de ›Gockelei‹ afach ofhiert. Däi

Wechselbeziehung, ean der die gemeinsame Interesse häi stieh, earbt ihm also durchaus ean die Henn, aach wann e naut dovo merkt. Doas ›klaane Däubche‹ ean ihr waaß jedenfalls etz, deass de Babba – wann e haamkimmt un neat gleich nooch ihr freegt – erinnert wern muss, deass säi ›gekimmert wern‹ will. En virwirfliche Blick kann do vielleicht schun healfe oawwer aach nur emol afach vir seine Feuß herselaafe.

Der Verlust vo Ofmerksamkeit, met dem er säi eawwerraschend konfrontiert hot, eas offensichtlich en Zoustand, den se schwier ertraa kann. Deshalb greift se aach sofort ean ihr weiblich Trickkist. Se fläit enoab of des Goardehäusche, mächt doas oawwer so geschickt, deass se – scheinboar zoufällich – direkt vir seiner Noas vorbeizäiht, un hot dobei wearre däi herrschaftlich Gestik vo eawwe ean ihrm Fliejelschloag – woas bei ihm offensichtlich eam sealwe Moment en Schalter eam Gehirn imlegt. Wäi wann he a gehuscht gekrit hätt, fingt e sofort wearre des narriche Gedappel o, obwähl se joa schun fort eas, un fläit sofort hinner ihr her ofs Dächelche. (Vo auße betroacht, beneamme mir Männer eus manchmol joa wirklich wäi die Volldeppe.)

Weil se do etz oawwer ganz owe of'm spetze Dachferscht neawichenaa setze, kann er sei Dappel- un Gurrprogramm goar neat oabfoahrn. Doas hatt säi woahrscheinlich neat bedoocht. Gleichwähl dout se schun wearre desinteressiert, eandem se nooch de Spatze guckt. Se wirkt souverän un eas sich scheint's sicher, alle Färrem vo Nauem fest ean de Haand se hu. Wäi sealbstverständlich erwoart se, deass he endlich wearre funktioniert un irgendwäi met seine Standards weirermächt. Wäi, eas ihr eigentlich ganz egal. – Allerdings hot se dobei etz doch sei Erfahrunge un sei Reife innerschätzt. Er waaß schun lang, deass der ganze Balzzirkus neat immer optimal läft, reckt e bessche dichter neawich säi (weil e eam Moment sowäiso naut Gescheits mache kann) un guckt seinerseits wearre interessiert nooch de Spatze un de Kearner.

Ofgemerkt, Männer: Sobaald he aus seim zwanghafte Noochlaafprogramm erauskimmt, stirre ganz klar besser do! Wann e sei Interesse aach nur kurz vo ihr oabzäihe un of e poar Kearner imstelle kann, kippe die Verhältnisse. Jedenfalls werd dann schneall deutlich, welche Koarte häi steache un welche die Lusche sei.

Es eas en Aachebleck Pause entstanne. – Se gucke etz wirklich ean die Gejend.

Die Spannung eas raus, alles scheint wearre offe se sei.

Als menschlicher Betroachter denkt mer unwillkürlich o e Null-zou-Null beim Fußball.

Vo er geplatzt Säfebloos hot däi Situation allerdings aach woas.

Ganz leis stellt sich e Gefeuhl vo Vergeblichkeit ean.

Wäi säi merkt, deass he scheint's neat wearre vo allaa ospringt un – woas viel bedeutsamer eas – wäi owe of'm Flachdach aach noch die Noochbersche oftaucht un herrschaftlich dout, waaß se, deass se etz ganz schneall woas innerneamme muss. Se reckt sofort ganz dicht o ihn dro un schnäbelt strack o ihm erim. Uhne e Spur vo Schaam oawwer Stolz, fihrt se schloagoartich e Kontrastprogramm oab. Etz eas se nur noch Weib. Eva eam bieblische Sinn. Verschwunde eas jed Form vo Arroganz un herrschaftlicher Etikette. Ihr Kurswechsel eas dobei so radikal, deass he vo ihre eawwerraschende Owandlunge sogoar e bessche irrtiert met de Aache blinzelt un de Schnoawwel of die Brost sereckzäiht. Allerdings kimmt e so schun neat mieh dezou, e Aache of die erausgebotzt Noochbersche se werfe, woas säi völlich aobgebreuht kalkuliert hot; un eansoweit bleibt se etz aach om Ball un mächt so lang weirer, bes er droff eangit un ofingt sereckseschnäbele, wudroff se sich sofort, uhne noch Geschess se mache, bassend fier ihn hiesetzt. – Un er steit of.

Als männliche Betroachter kenne mir doas eawwerraschende Finale zwar nur met innerlicher Empörung registrirern, wolle oawwer aach neat oabstreite, deass eus insgeheim dodro woas fasziniert. Deshalb sellte mir däi ganz Geschicht etz noch emol inner dem Aspekt durchgieh, deass se eus joa o den Stelle, wu klar se erkenne eas, wäi de Noochlaafzirkus funktioniert, als Lihrbeispill däine soll:

Wann mir of de ›herrschaftliche Sejelflug‹ vo em Weibsmensch reagiern un sofort ›hinnerherfläije‹, eas dogeje grondsätzlich naut se saa. Männer, däi nooch zwo Appelsine un em schwoarze Dreieck instinktmäßich de Kopp erimwerfe (sofern däi nur halbwägs ean de richtich Konstellation sesomeleije), reagiern eansoweit erscht emol völlich gesond un oartgerecht. Wer kennt e Interesse hu, dodro woas se ännern?

Wäi mir oawwer seh kenne, misse sich eus Reaktione dobei durchaus eam Rohme hale. Es gelt, halbwägs normal se bleiwe, eus die Fähichkeit zou vernünftiche Erwägunge se erhale, un eansoweit z.B. nur doas se mache, woas wirklich nierich eas. E bessche Standard-Gedappel muss nadierlich immer sei. (Die körperlich Bewejung, däi domet verbonne eas, werd eus sogoar gout dou.) Mir deffe dobei nur neat eusem ajene Hormonhaushalt zoum Opfer falle. Sobaald mir häi eusem Instinkt die Züjel schäiße losse, verliern mer woahrscheinlich die Kontrolle eawwer eus, wäi mir joa o seine durchgeknallte Eawwertreiwunge deutlich seh konnte. De Verstaand setzt dann komplett aus, weil des Blout schloagoartich aus'm Gehirn oabgezeh un steuerungstechnisch vo de Hormone ean annern Bereiche imgelaat werd.

Deshalb werd aach die Woahrscheinlichkeit, deass mir of däi Oart die Kontrolle verliern genau ean dem Moment fast unausweichlich, ean dem die Noochbersche of'm Flachdach oftaucht un herrschaftlich dout. Ean der Situation entstit nämlich fier eusen Däuwer e zousätzlich Risiko, woas eam Beispillfall durch ihrn schaamlose Kurswechsel völlich verdeckt woarn eas. Zou dem afache hormonelle Boogie-Woogie, der ihn joa besher schun bes o die Grenze vo seine Möglichkeite gebroocht hatt, misst he sich etz normalerweise aach noch zwische den zwo Grazie entscheire. Doas deet die Energieje ean sei'm Hormonsturm fast verdoppele un wir gesundheitlich ganz sicher bedenklich. Eusem Däuwer sei däi Konsequenze joa nur deshalb erspart gebleawwe, weil säi ihm doas Problem oabgenomme un ganz zielstrewich de Bearzel hiegehale hatt.

So leicht werd's eus Männer eam richtiche Leawe oawwer

neat immer gemoacht, sodeass mir eus häi emol die Frooch virleje misse, woas bassiern deet, wann säi doas neat mächt un he – of sich allaa gestellt – zwische de Fronte setze bleb? Doas Risiko eas zwar eansoweit neat besonnersch gruß, weil so woas selten virkimmt. Dofier kann's eus allerdings (wann's eus dann doch emol treaffe sellt) direkt os Leawe gieh. Wann mir Männer ean so Situatione vo eusem Trieb eawwermannt wern, knallt eus ganz geweass e Sicherung durch oawwer de Hearzbennel reißt eus oab. Jeder waaß, deass viele Männer oarg freuh o Hearzinfarkte stearwe. Niemetz freegt allerdings denooch, ob doas neat met dene Verhältnisse se dou hot, däi mir häi groad innersuche.

Aus euser Geistesgeschichte eas neat zoufällich doas Beispill vom Buridan'sche Esel eawwerliwwert, der aach (genaa ean de Mett) zwische zwie gleich gruße Fourerkearb stann un do schließlich verhungern musst, obwähl e neat festgebonne woar und durchaus zou aam Korb hätt hielaafe un freasse kenne. Er hunk oawwer ean em psychische Konflikt fest, weil mer ean der Situation neat of aan zougieh kann, uhne sich gleichzeirich vo dem annern eweg se beweje. He hatt seim Hunger(trieb) die Züjel schäiße losse un deshalb broocht e's afach neat feardich, vo irgendaam Fourerkoarb aach nur en anziche Schritt eweg se mache. So wäi der Esel weje seim triebhafte Kontrollverlust verhungert eas, kenne mir eus zwische zwo Weibsleut zou Grond richte, wann mer neat oachtbasse. Doas psychische Dilemma, ean doas mir so gerore kenne, eas of jeden Fall existenzbedrohlich un deshalb sellte mir eus aach dringend devir heure, den Vergleich met dem Parabeldäier vireilich als zou theoretisch oabsedou.

Mir merke eus also, deass mir ean entsprechende Situatione vernünftich un ganz rouhich euse Kopp benotze misse. Möglichst nüchtern un zielstrewich neamme mer eus aan ›Korb‹ nooch'm annern vir. Doas eas euse Job un dobei deffe mer eus neat verzettele un schun goar neat sealbst verreckt mache. Die Devise, o der sich eus Geschlecht häi ubedingt orientiern muss, häßt: ›Immer gemoach, schie aans nooch'm annern.‹

Doas ganze lächerliche Gurr- un Balzprogramm o sich kenne mir allerdings – wäi gesaht – neat imgieh. Wann mer virgelosse wern wolle, misse schun e poar Hofknickse sei, aach wann doas ean de Außewirkung eigentlich immer irgendwäi peinlich un manchmol sogoar würdelos aussieht. Es werd letztlich aach nur dodurch erträglich, deass uhne Ausnohm jeder dovo betroffe eas. (Woas eus Geschlecht eigentlich sesomeschwaaße misst.)

Wer däi Rituale vo auße beowoacht, hält sich joa üblicherweise deshalb met eawwerhebliche Kommentare un Bemerkunge sereck, weil ihn ajene peinliche Erfahrunge o sei Verstickunge ean den Triebzirkus erinnern. Mir misse doas neamme wäi's eas.

Ean de Innewirkung allerdings kenne mir eus bei Balzrituale hiekstens vir eus sealbst blamiern. Die Weibsleut hale eam Bezug of eus Gegockel kaum je eabbes fier zou dick ofgetraat. Sealbst des innerwürfichste un lächerlichste Imponiergehabe werd als Standard ofgefasst un eansoweit vo ›Ihro Gnaden‹ hukherrschaftlich erwoart. Solang wäi eus niemetz sieht – un mir eus debei neat eawwerneamme –, kenne mir häi also unbesorgt immer ean die Volle kejele.

Oawwer gucke mer eus noch weirer eam Beispillfall im: Wann he, ganz verdäift, immer grissere Kraase zäiht un sich dobei so steark of sei Standards konzentriert, deass e des Zentrum vo seine Ostrengunge aus de Aache verliert, dann zeiche sich eus ean dem Moment entscheidende Schlisselstelle eam Balzprogramm, däi mir notze kenne. He kimmt dodurch joa ganz schneall zou sich un entdeckt so ean seiner ajen Bedürfnishierarchie wearre nau, deass es noch zwaat- un dreattschicuste Sache of de Welt gebt. Domet horre sofort feste Burrem inner de Feuß un stit seim rauschhafte Verhängnis schun fast wearre kontrolliert gejeeawwer. Fier ihn kann doas nur vo Vordaal sei. Er eas z.B. eam sealwe Moment wearre fähich, donooch se freeje, ob sei Eroberungsversuche besher eigentlich woas gebroocht hu oawwer neat, ob sich ean ihrm Fall eawwerhaapt noch zousätzliche Investitione rentiern usw.

Solche kritische Zwischeprüfunge sei fier eus immer dann besonnersch wichtich, wann mir schun zou de erfahrenere Semester gehearn un deshalb mieh Recksicht of eus körperliche Verhältnisse neamme misse. Außerdem erinnern mir eus, deass so e altersbedingt Berouhichung »Ihro Gnaden« dozou gebroocht hot, sich sealbst emol im ihrn ajene Beitroag zou dem ganze Treiwe se bekimmern. – Oawwer oachtgebasst! Genau o der Stell verstit säi's sofort wearre, den gerechte Ausgleich reckgängich se mache, un sich of ihrm Thron vo Nauem entspannt sereckselehne. Weirer die Herrschaft se geawwe, kimmt ihr viel interessanter vir. Se benotzt en hukwirksame ›Madche-Trick‹, im e Erinnerungsmoster ean ihm ausselöse (sosesaa met Fernbedienung), woas ihn joa dann aach schloagoartich wearre eans Gockelprogramm sereckkatapultiert hot. Deshalb misse mer eus ubedingt merke: Egal wäi meud oawwer wäi erfahren mir sei. Wann doas klappt, wann der Trick bei eus greift, kann doas sofort wearre en volle Kontrollverluste nooch sich zäihe. Om Beispill hu mer joa geseh, wäi steark so woas wirkt. Dofier misse mir eus of jeden Fall heure.

Die Frooch eas dann allerdings, wäi doas praktisch gieh kann. Mir krieje's häi immerhie met eus sealbst, met euse ajene Programme se dou un doas geheart ganz geweass zoum Schwierichste, woas mer eus eawwerhaapt virneamme kenne. Om beste wirsch nadierlich, wann mir learne kennte, eus ajene Erinnerungsmoster – genauer gesaht: ihr mächtiche Wirkunge ean eus – sealbst rächtzeirich aussemache. Eansoweit misste mir learne, wäi sich doas ofeuhlt, wann eus imetz vo auße de entsprechende Chip eawwer Funk aktiviert. Wann mer doas hiekreechte, defte mir vergleichboare Manipulatione wesentlich gelassener entgejegucke. Un vo do oab härre mir aach wearre die Züjel ean de Haand un kennte eus z.B. viel leichter eawwer en ganz wichtiche Imstand klar wern, eawwer de Grond nämlich, der säi eam Beispillfall dozou gebroocht hot, sealbst eabbes se dou:

Als viel wirksamer un eanträglicher wäi eus ganz Noochlaaferei kann sich nämlich erweise, wann mir eus sealbst bremse, die ajene Triebimpulse streng kontrolliern un nooch auße hie z.B. häi un do emol ganz lässich »neawebei nooch de Spatze gucke.«

Woas woar noch? – Ja klar, Konkurrenz beleabt des Geschäft un doas häßt, es kann met amol alles ganz schneall gieh. Wann die Noochbersche (so wäi eam Beispill of 'm Flachdach) oftaucht, dann eas doas fier eus met grußer Woahrscheinlichkeit so, wäi wann mer bei Monopoly bes of ›Los‹ virrecke deffte. De Weand hot schloagoartich gedreht. Säi eas unvermittelt ean Zugzwang gerore un waaß, deass en Totalverlust un e Blamage droht, wann se ihn etz neat schleunichst un ganz umissverständlich drolesst. (Wubei woahrscheinlich die Blamage vir de Noochbersche fier säi des schleammere Iwel geweast wir.)

Ean solche Momente, ean dene Fortuna met ihrm Füllhoarn plötzlich vir eus stit, misse mir Männer zougreife kenne. Weibsleut sei dozou fähich, wäi mir eam Beispillfall seh konnte. Säi hot joa alle Weiche ganz flink un konsequent of greu gestellt, wäi's Zeit woar. Wäi wann se den Nutfallplan schun fix un feardich ean de Dasch gehoat hätt. Hatt se woahrscheinlich sogoar. Un so misse aach mir immer bereit sei, wann's gellt.

O de Börse z.B. reagiern die Profis ean solche Situatione eiskaalt un streiche skrupellos alles o Gewinne ean, woas se krieje kenne. Unoabhängich dovo, ob se virher irgendwoas dofier gedoo hu oawwer neat. Häi eas fier Zögerlichkeite kaan Platz. – Wann mir also ean de Kneip oawwer of de Geburtsdoagsfeier ganz plötzlich un uhne woas dezou se kenne, zwische irgendwelche konkurrierende ›Täubchen‹ gerore sei, losse mer eus vo eawwerraschendem Geschnäbel goar neat irritiern, schnäbele nur kurz sereck un woarte, bes se sich bassend hiesetzt. Solche allzeiriche Bereitschafte sei deshalb wichtich, weil mir Männer joa oft goar neat metkrieje, wann so e Konkurrenzsituation inner de Weibsleut die Kopulationsbereitschafte schun bes zoum jeweiliche Maximum hukgetreawwe hot. Wann mir dann irritiert reagiern deere, wann mer z.B. erscht emol erkliert hu wellte, woas lus eas, hätt Fortuna ruck, zuck wearre eangepackt un wir verschwunde. Mir konzentriern eus also virrangich immer erscht ofs Oabramme. Wer ubedingt noch woas dozou weasse will, kann doas joa aach hinnerher noch kliern.

Etz woar doas ean eusem Beispill oawwer wäi gesaht en Zoufall, deass die Noochbersche of'm Flachdach ofgetaucht eas, un mir kenne ean de zwischemenschliche Verhältnisse sealbstverständlich neat dofier sorje, deass jedesmol rächtzeirich e Konkurrenzmodell oftaucht, im eus die Earwed se erleichtern. Doas eas allerdings aach – woas viele vielleicht erstaunlich feanne wern – goar neat nierich. Es reicht nämlich ean aller Rejel schun aus, deass doas potentiell so eas. Die realistisch Möglichkeit, deass doas jederzeit bassiern kennt, dout häi durchaus schun die gewünscht Wirkung. Woas nadierlich dovo oabhängich eas, deass die Weibsleut aach dro denke.

Wann also erschtens die Konkurrenzsituation real eas (woas als gesichert gealle kann) un zwaatens die Weibsleut de Gedanke dodro neat verliern, entstit bereits en ausreichende psychische Spannungsbooche. Un der kann eus, sofern mir sei Spannung erhale kenne, immer wearre emol kearzere ›Olaafzeire‹ gewährleiste. Doas eas de Punkt, dodroff misse mir eus konzentriern.

Woas mir brauche, im den Spannungsbooche se erhale, eas lediglich en Zougang zou der psychisch Repräsentanz, ean der bei de Weibsleut des entspreachende Erinnerungsmoster – Achtung, Achtung, die annern Weibsleut schloofe nie! – oabgelegt eas. Däi Repräsentanz eas ean dem klaane Restgeweasse innergebroocht, vo dem mir schun geheart hu, un beospruchd häi woahrscheinlich de mierschte Platz fier sich. Direkt deneawich eas e Schaltstell eangebaut, däi mir osteuern kenne, wann mir z.B. merke, deass säi's met de hukherrschaftlich Arroganz e bessche eawwertreibt. Ean dem Moment also, ean dem ihr Herrschaftsroll psychisch met ihr durchsegieh droht, un säi eus zou viel vo dem innerwürfiche Olaafprogramm oabverlangt, schecke mir euse Funkimpuls lus un es mächt »klick« ean ihrm Gehirn. (Es kann übrigens aach naut schoarre, wann mir doas ean langjährige Eheverhältnisse aus prophylaktische Gründe immer emol zwischedurch mache.)

Technisch geseh kenne mir eus doas ugefiehr so virstelle (wann mersch eus häi erscht emol o em normale männliche Geweasse vir Aache führn wolle), deass en Bewejungsmelder däi Eawwerteiwunge registriern deet, däi so e ›eawwerspannt Diva‹ fier gewöhnlich produziert, im dann met em Schaltvirgang afach Licht eam Gehirn osemache. So wäi doas jeder Bewejungsmelder vir de Hausdier aach mächt. Dann wir des Erinnerungsmoster met aam Schloag wach, un des Restgeweasse deet so woas Strenges un Virwirfliches saa wäi: »Ha! Erwescht. – No, woart oab. Du werscht schun seh, woas de dovo host!«

Weil oawwer die weiblich Psyche extrem flexibel eas, hu mersch joa met em Bewejungsmelder se dou, der so woas wäi die Schloofkrankheit hot un systematisch alles mögliche verpennt, ganz besonnersch nadierlich däi ›Diva‹. Dem misse mir met eusem Signal deshalb immer wearre of die Sprüng healfe oawwer besser gesaht, mir losse ihn weirerdöse un löse den Schaltvirgang met eusem Signal sealbst aus. Domet git des Licht o, die ›Diva‹ eas erwescht, un gleichzeirich krit sogoar de verpennte Bewejungsmelder ean dem psychische Saftloare aach noch en Rüffel oab.

Mir hu joa eam Beispill geseh, wäi e Erinnerungsmoster ean ihm durch e Funksignal aktiviert woarn eas, woas ihr ›Madche‹ oahgescheckt hatt, un genau so kenne mir etz aach ihr Erinnerung o die Konkurrenz osteuern un wachruffe.

Wäi sieht oawwer eus Funksignal aus? Wudraus muss doas bestieh, wäi muss doas energietechnisch beschaffe sei?

Es scheckt häi schun en relativ schwach ausgeprägte Schlisselreiz. Doas kann z.B. en halb versteckte Blick nooch er anner Fraa sei, däi groad vorbeigit. Oawwer wann en entsprechende Daal vo em Weibsmensch ean irgendaner Zeitung oabgebildet eas, dann kann's fier eus Zwecke schun ausreiche, wann mer nur ganz kurz lüstern die Aachedeckel e bessche oabsenke. Weil die Engst bei de Weibsleut entspre-

chend gruß eas, schecke schun die feinste Reize, aach wann
däi vom Bewusstsei woahrscheinlich goar neat registriert
wern. Des weibliche Unbewusste nimmt doas oawwer alles
hoorgenaa of. E leicht Ofblähe vo de Noasefliejel z.B. oaw-
wer e däifer Schnaufe durch die Noas, woas goar neat beson-
nersch brünftich sei muss, kann schun uhne weiresch ausrei-
che, des Erinnerungsmoster se wecke un domet dem erwähn-
te Booche sei Spannung se erhale.

Wann mersch kann, helft aach e ganz leis archaisch
Bromme (fast schun e Grunze) aus de innerschte Brost-
regione, woas rouhich ganz ubestimmt sei kann. Doas deffe
oawwer wirklich nur däi eansetze, däi die Technik entspre-
chend trainiert hu un aach beherrsche. – Vielleicht sellte mir
Männer fier solche Zwecke emol e poar Sealbsthilfegruppe
gründe. Doas wir vielleicht sogoar e Marktlücke. Oawwer mir
wolle neat oabschweife.

Woas vir dem Hinnergrond noch gout funktioniert, eas e
gekünstelt, e gespillt Desinteresse, weil doas joa fier die
Weibsleut bedeure kann, deass mir eus innerlich fier imetz
annersch interessiern. Dann schrille sofort ihr Alarmglocke
un domet werd de Akku vo eusem Spannungsbooche durch
des weibliche System wearre nau ofgloare.

Sicherheitshalwer misse mer noch emol dro erinnern,
deass däi Wirkungsweise joa nur vir dem komplexe weibliche
Hinnergrond se verstieh eas, den mir groad beschreawwe hu.
Fier euse normale männliche Alldoagsverstaand muss degeje
Ursach un Wirkung häi völlig verdreht erscheine, weil eus
Botschaft: ›Aech interessiern mich neat fier Sex‹, of
Weibsleut sexuell viel stimulierender wirkt, wäi des Signal:
›Aech hätt Lost of dich.‹ Doas heart sich fier eus Männer
nadierlich paradox o, oawwer doas deaff eus etz neat mieh
länger irritiern. Wann mir eus of des Heuchele vo
Desinteresse spezialisiern, hu mir sogoar noch en zousätzli-
che Vordaal. Den nämlich, deass häibei aach die billichste
Kopieje funktioniern. Jeder kann doas bei sich dehaam ganz
leicht un risikolos teste.

Eansoweit erschläißt sich eus übrigens aach, weshalb

Weibsleut scheinboar immer of coole Type stieh. Woas fier sich genomme joa neat besonnersch geistreich erscheint. Wann mer eus nämlich emol imgucke un eawwerleje, deass hautsedoag fast nur noch ›coole Type‹ doerimlaafe (un woas fier schlächte Kopieje), dann misst eigentlich jedem halbwägs vernünftiche Mensch klar sei, deass häi woas neat stimme kann.

Ean Wirklichkeit aktiviert lediglich die Lässichkeit vo dene Billichmoster die ›Schaltstell Konkurrenz‹. Un doas setzt, wäi mir geseh hu, ean de weiblich Psyche ganz automatisch e Lock- un Schnäbelprogramm ean Gang, woas met de Bereitschaft verbonne eas, zielstrewich de Bearzel hiesehale. Häi schläißt sich, wäi mir etz seh kenne, ganz un goar unbewusst en Kraas, der die ganz Population wäi eam Taumel metsereiße scheint: Die Kearle wolle all ›cool‹ wirke, weil se instinktiv metkrieje, of woas die Weibsleut tatsächlich stieh; däi merke neat, woarim se tatsächlich reagiern, hale zügich de Bearzel hie, un freuher oawwer speeter wache se all minaa meatte eam Geschlechterzores of un verstieh die Welt naut mieh. So geseh eas es eigentlich kaa Wonner, deass die Scheidungsrate so huk eas.

Oawwer egal: Woas bedeut doas alles fier eus? – No?

Wann aach immer mir doas ›Konkurrenzprogramm‹ zoum Laafe krieje, deffe mir automatisch ›bes of Los virrecke‹!

Ajen Welt

Bei allem, woas mir eus besher erearwe konnte, hot sich duch immer als e besonner Schwierichkeit erausgestellt, deass eus die weibliche Verhältnisse direkt eigentlich kaum zougänglich sei. Wann mir also met eusem Leitfoarrem neat nur of kosmetische Korrekturn aus sei, wann mir aach of die grondlejende Strukturn vom Geschlechterzores Eanfluss neamme wolle, dann misse mer eus dem Problem gesondert un gründlich zouwenne.

Mir hu joa weirer owe schun festgestellt, deass Weibsleut ean so woas wäi oabgeschlossene Parallelwelte leawe: Ean philosophischer Hinsicht, psychologisch geseh un emotional sowieso. Domet hu mir allerdings e Universum vir eus, woas mir als Ganzes nadierlich neat innersuche kenne. Es kann eus aach neat drim gieh, den oabgeschlossene Kosmos nooch un nooch ean möglichst viele Anzeldaale inner die Lup se neamme. Woas mir sinnvoll mache kenne, eas eigentlich nur, die haapte Konfliktfealder eraussegreife, däi durch die Existenz vo dene Parallelwelte quasi zwangsläufich entstieh. Un sogoar dobei misse mer eus aus Platzgründe noch of däi Fäll beschränke, däi eus Männer (statistisch geseh) die mierschte Schwierichkeite mache, weil se immer un immer wearre oftauche. Wann mir eus nur eam Bezug of däi dringendste Belastunge des Leawe afacher gestalte kenne, dodroff wolle mer eus Hoffnunge setze, dann werd doas aach die Verhältnisse insgesamt soweit verännern, deass mir eam Geschlechterzores wearre besser dostieh.

Des eigentliche Kernproblem, woas häi versteckt leit un erscht emol goar neat se erkenne eas, wolle mer allerdings virläufich noch ignoriern. Doas hengt nämlich aach met em annern Thema sesome un werd eus deshalb eam nächste Oabschnitt ausführlich beschäftiche.

Mir gucke eus also virläufich noch mieh o de Owerfläch vo der interkosmisch Problemstruktur im un stelle fest, deass ans vo euse haapte Konfliktfealder z.B. dodurch entstit, deass Weibsleut grondsätzlich maane, gefalle se misse. Des natürliche Bedürfnis, als Individuum bemerkt se wern, woas mir Mensche all minaa aus eusem freuhe Motter-Keand-Verhältnis metbrenge, leit häi geschlechtsspezifisch eawwersteigert vir, un zwar ean er Oart Zwangsstruktur. Mir kenne eus doas ugefihr so virstelle: Jed Weibsmensch will inner alle annern als e ganz besonner Anzelsubjekt ogeguckt wern un kann sich inner kaane Imstenn fier sich persönlich virstelle, e Fraa wäi alle annern se sei. (Eus Männer helft zoum Verständnis häi vielleicht der Vergleich met er königlich Gesellschaft of em gruße Schloss, ean dersch zwar viele, viele Weibsleut gebt, oawwer nur a anzich Prinzessin. Nur, deass se sich etz all minaa so feuhle wolle.) Es gebt dovo, soweit mir seh kenne, kaa Ausnohme.

Genau doas eas aus euser Sicht nadierlich paradox, weil se sich dodreann joa all völlich gleich sei un als Anzelsubjekt eansoweit tatsächlich kaa anzich erausstecht. Weibsleut seh oawwer nur, woas se seh wolle un mir stecke domet, weil mir den paradoxe Hinnergrond realisiern, ean em Gewissenskonflikt. Wann mir ihne nämlich bestätiche wolle, wudroff se aus sei, dann misse mer lieje. Mir kenne joa z.B. neat saa: »Ei, geweass. Woas sellte mir Männer dann aach mache, wann ihr Weibsleut ach ean auer Anzichoartichkeit neat all gleich wird?« Doas deet sich ean ihre Uhrn ironisch ohearn, wäi's joa aach gemaant wir, un domet wirn se völlich eawwerfärret. Es bleibt eus also o der Stell tatsächlich naut annersch eawwerich, wäi eus moralische Bedenke se eawwergieh un strack se lieje. – Äußerscht virsichtich nadierlich, domet der haamliche Sealbstzweifel, den Weibsleut diesbezüglich unbewusst schun irgendwäi hu, durch eus Bemerkung kaa zousätzlich Nahrung findt. Dofier deere se eus sofort verantwortlich mache. Aach en Satz wäi: »Joa, mein Schatz, so woas wäi dich gebt's wirklich neat noch emol«, kann aus dem gleiche Grond neat fier sich allaa stieh. So e Bemerkung misse mir met em feste un ernsthafte Blick ean ihr Aache (un om beste met dem ›Buwwegrinse‹ vo weirer owe) verstärke, im ihr Sealbstzweifel se zersteue. Erscht dann komme mer ean eusem Konfliktfeald serächt.

Woas bedeut doas oawwer außerdem fier eus, deass Weibsleut zwanghaft gefalle misse? Es bedeut, deass se eawwer ihr Erscheinungsbild immer zimlich sicher se erreiche sei. O der Stell kenne mer punkte. Ihr Eitelkeit, vielleicht kennt mer sogoar vo Narzissmus schwätze, eas so woas wäi ihr ›Achillesfersch‹. Do sei se ofällich. – Allerdings kenne mir häi nur met grisster Behutsamkeit virgieh, weil mer eansoweit aan vo de sensibelste weibliche Bereiche vir eus hu. Doas gesamte Gelände ›weibliches Erscheinungsbild‹ eas sosesaa völlich vermint. Wann mir häi nur aan Zentimeter deneawich treare, sei mir sofort weg vom Feanster. Nur dem Imstand, deass eus Geschlecht trotz alle Risike ean dem Minefeald schun dausende vo Johrn innerwägs eas (woas bleab eus aach

145

annerscht eawwerich), hu mersch se verdanke, deass mir eus hautsedoag gleichwähl halbwägs sicher dodreann beweje kenne.

Neamme mer erscht emol e afach Beispill, die Schouh. Däi leije ganz om Rand vo dem Minefeald, sodeass mir dobei neat viel verkihrt mache kenne. Wäi mir joa weasse, hu Weibsleut all en Schouhfimmel. Wann mir ihr also, om beste irgendwäi beiläufich, saa, se hätt schiene Schouh o, dann eas doas immer en Volltreaffer. (Also nadierlich neat eam Wattenmeer.) Ean de Stoadt, beim Eankaafe oawwer owends ean de Kneip kenne mer doas sogoar bleand mache. Es eas völlich egal, ob se dann die afachste Standardausführunge o de Feuß hot oawwer die skurrilste Deanger. Wann mir ean der Oart e Fraa weje ihre Schouh lowe, dann läut ean ihrm Gehirn e klaa silwern Glöckche un schett dobei haffeweis Endorphine aus. (Doas eas en Extrakt, der tatsächlich jed Weibsmensch vollstännich befridicht.) Eam sealwe Moment feuhlt se sich ganz un goar glecklich un domet eas alles gelaafe. Säi eas ob dem Aachebleck felsefest dovo eawwerzeucht, deass se's häi met em Mann se dou hot, der ihr Anzichoartichkeit sofort erfasst hot. Während sonst die Männer mierschtens o ihr vorbeilaafe, wäi wann säi e ganz normal Fraa wir, un wäi wann säi ganz normale Schouh o hätt. Mir hu met aam anziche Blick (of die Schouh) die Prinzessin aus alle annern erausgekennt, uhne en ›Earwestest‹ oawwer en ›Ascheputteltest‹ mache se misse. Bingo!

Sobaald's oawwer im annern Daale vom Outfit git, werd die Sach fier eus schun ugleich schwiericher. Wäi mir eus etz ean dem Minefeald noch beweje kenne, muss sich nämlich om jeweiliche Typ vo de Fraa ausrichte un doas funktioniert ugefiehr so: Der bestimmte Typ, den mir vir eus hu, verreet eus zwar neat, wu die Mine leije. Mir kenne aus ihm allerdings prima erauslease, wu kaa Mine leije, woas eam Grond genomme de gleiche Zweck erfüllt. Konkret häßt doas, wann mir e Fraa fier eus seh, däi immer schie ogedoo eas, vo der mir deshalb oneamme kenne, deass se of e gepfleechtes Äußeres Wert legt, dann misse mir z.B. saa: »Ich feanne's völlich toll, wann e Fraa sich pfleecht un geschmackvoll odout. Domet stecht se sofort aus de Masse eraus.« Do leije kaa Mine, do kenne mir eus Oabsichte risikolos verfolche.

Wann se winger of sich oacht un e bessche noochlässich ogedoo eas, vielleicht met em leichte Hang zoum Liderliche (manche Männer stieh of so woas, Luderweibchen strahle joa e ajen Faszination aus), dann misse mir z.B. saa: »Klaarer misse bequem sei, sonst nix. Wer jeden naumorische Kruum metmächt un of däi Oart aach noch en Haffe Geald fier Klamotte ausgebt, sieht letztlich sogoar zimlich langweilich aus, weil e joa doerimläft, wäi alle annern aach. (O der Stell wirkt e klaa Kunstpaus beim Schwätze besonnersch gout.) Persönlichkeite hewe sich erscht dodurch oab, deass se do dreawwer stieh.« Doas setzt, do kenne mer sicher sei.

Un wann bei aner emol goar kaa System se erkenne eas, wann se sich mundoags zoufällich doas odout un deanstoags wearre met woas ganz annerm doherkimmt; wann se mettwochs vielleicht met em Mundoag-Deanstoag-Mix (owe Azorenhoch un onne Sturmtief) doerimläft, wankelmütich, wäi des Wearrer selbst, dann misse mir z.B. saa: »Klaarer misse ogebasst sei, o des Wearrer usw., die Welt ännert sich joa doch ständich. Mer kann neat immer langweilich de gleiche Stil traa, schließlich feuhlt mer sich joa aach neat jeden Doag gleich. (Kunstpause) Wann e Fraa doas flexibel sieht un sich ihr Spontaneität erhält, dann hebt se sich sofort aus de Masse oab – feann ich!«

Mir merke eus also, deass eus sogoar eam Bezug of hikot schwieriche Bekleidungsfrooche noch e Technik zour Verfüchung stit, met der mir gefiehrliche Konfliktfealder sicher durchquern kenne.

E anner Haaptkonfliktfeald zwische de Welte eas, deass die Virstellunge, däi Weibsleut eus Männer gejeeawwer erkenne losse, of de a Seit zwar immer wearre oarg innerschiedlich un sogoar wearrersprüchlich ausfalle kenne (wäi mir doas inner dem Stichwoart ›Macho‹ gleich ausführlicher betroachte wern), deass of de anner Seit oawwer – un dodrim git's häi – des gesamte weibliche Geschlecht völlich anich eas, sobaald's aach nur osatzweis im die Oabgrenzung gejeeawwer eus Männer git. Deshalb stieh se z.B. völlich geschlosse zou der Eawwerzeuchung, deass se eus Männer ean puncto Sawerkeit ganz zweifelsfrei eawwerleje wirn. Also beim Waschbeckesawerhale, Ziehbotze, Onnerimwäsche usw., wäi mir joa schun festgestellt harre.

Dodreawwer enaus denke se oawwer durchaus aach, deass säi als Geschlecht geistich beweglicher, insgesamt weltoffener, irgendwäi moderner usw. wirn un verstieh eus Männer demgejeeawwer als entsprechend verstockt un sereckgebleawwe. Aach sexuell. Un doas wolle mer deshalb emol (beispillhaft fier alle annern Bereiche) eam Hinblick of die Frooch innersuche, wäi so woas ean de weiblich Parallelwelt gedoocht un begründt werd. Mer kann joa den Begreaff »sereckgebleawwe« ean sexueller Hinsicht ganz un goar gejesätzlich offasse. Entweder als sereckgebleawwe eam Bezug of die Befreiungstendenze met un nooch Oswald Kolle, dann bedeut doas Langweilerei. Oawwer sereckgebleawwe eam Bezug of die Zivilisation, dann bedeut doas e animalisch Triebhaftichkeit un Weustenei wäi bei Dschingis Khan. – Also eigentlich des genaue Gejedaal.

Bei allem, woas mir besher verstanne hu, misse mer dovo ausgieh, deass se woahrscheinlich vo baarem eawwerzeucht sei. Wubei se der Wearrersinn, der do dreannsteckt, aach desmol neat weirer stört. Se benotze afach nur ganz beliebich jeweils doas Klischee, woas se groad gebrauche kenne, domet se sich kaa Gedanke im ihr ajene Verhältnisse mache misse. – Doas lesst sich übrigens relativ afach teste, eandem mir z.B. beiläufich of er Geburtsdoagsfeier sealbst die Frooch ofwerfe, ob mir Männer neat all e bessche verklemmt wirn. Dann kichern se sofort kollektiv lus un saa: »Joajoajoahh! Hahahahaa!« Un wann mir nur aan Satz speeter saa, ean de Zeitung hätt gestanne, die Männer wirn met de Entwicklung vo ihrm Sexualverhale of em steinzeitliche Niveau stiehgebleawwe, dann ernte mir aach häi ausdrecklich e zoustimmendes Gegatzel: »Genau. Doas hot bestimmt e Fraa geschreawwe. Hahahahaa! Joajoajoahh!«

Mieh eas häi o Begründungssesomehäng weit un braat neat se entdecke un doas bedeut fier eus nix annersch, wäi deass mir Männer die Laste vo dererla weiblicher Sexologie se traa hu, un zwar ean jeder Hinsicht. Oawwer hätt mer jemols schun vo em Weibsmensch geheart, woas de Samsdoag-noochmittoag zou seim Mann gesaht hätt: »So, etz git's ab ean die Boarewann un dann falle mer emol richtich eawwer-enanner her.« Hätt mer so woas ean Mittelhessen schun emol geheart? Nadierlich neat. (Es deet sich eam Grond joa aach neat gehearn.) Doas misse mir Mannsleut nadierlich all eaw-werneamme. Entweder mir traa ihne de Sex quasi hinnerher, un sorje so fier die nierich Ausgeleachenheit ean de Beziehung, oawwer es läft nix. Un fier eus Ausdauer un Beharrlichkeit misse mer eus dann aach noch verspotte losse: »Mannsleut kenne doas, däi hu doas eam Blout. Do eas halt aner wäi de anner. Joajoa, hahahaa!«

Oawwer genauso klar eas aach – un zwar fier alle Beteilichte –, woas lus wir, wann mir eus ean dem Punkt ver-weigern wellte. Dann deere se sich sofort eawwer die Langweilerei eam Sexualleawe beschwiern un sich wearre vo de anner Seit (met Verweis of de Oswald Kolle) eawwer eus lustich mache. Sefriere kennte se joa domet of kaan Fall sei. Aach häi stecke mir Männer also wearre ean em Dilemma.

Woas mer ean dem Fall allerdings aach als Ofhänger benotze kennte, konsequent e bessche sorgloser se leawe. Ganz ähnlich eas doas nämlich (wäi mir bereits ogedeut har-re), eam Bezug of eus Macho-Manlern un eus Platzhearsch-Verhale. Spille mer eus Machoroll, beschwiern se sich, mache mer doas oawwer neat, dann eas es ganz sicher aach neat rächt, weil se des Gefeuhl krieje, mir deere irgendwäi ›aus de Roll falle‹. Se meckern also of jeden Fall un dodro lesst sich einwandfrei erkenne, deass es ean Wirklichkeit goar neat im doas gieh kann, woas se immer wearre zoum Schei un sose-saa offiziell vo eus Männer eanfärren: Des Sexualleawe mieh o ihre weibliche Interesse un Virstellunge ausserichte, oaw-wer (erimgedreht) eus zielfixiert männlich Imtriebichkeit e bessche eanseschränke, zou Gunste vo irgenwelche phantasievolle weibliche Initiative. Dovo verspreache se sich ean Wirklichkeit sealbst neat viel. Se brauche eus groad so, wäi mir sei, un doas weasse se eigentlich aach sealbst, do gebt's eawwerhaapt kaan Zweifel.

De wirkliche Grond fier däi zoum Schei virgeschowene Osprich eas lediglich, deass se sich ean ihrm weibliche Dünkel ubedingt vo eus oabhewe un sich deshalb aach sexuell als die bessere Mensche verstieh wolle. Un doas eas neat nur machtpolitisch motiviert, sondern se schwätze sich domet aach – psychologisch geseh – sealbst woas ean. Of däi Oart breche se sich nämlich neat eansegestieh, deass se eus eigentlich dankboar sei misste, wann mir met euse Ideeje un Impulse des Geschäft ständich om Laafe hale.

Wann doas oawwer alles so eas, dann misse mir eus doch groad wearre die Frooch virleje, woarim mir neat afach däi verschiedene Klischees bedäine, stoatt eus ständich met weibliche Rätsel se beschäftiche. Domet geng's eus doch geweass viel besser. Deere mir z.B. vo der viel zitiert weiblich Botschaft »wäsch mich, oawwer mach mich neat nass«, de zwaate Daal konsequent ignoriern, wir quasi alles ean Ordnung. Weibsleut kenne sich nämlich ean ihrm paradoxe Hie un Her sealbst neat aus un brauche eus eansoweit zoum Voarnewegmarschiern. Deshalb sellt eus grondsätzlich Strategie sei, ihne groadlinich de Hob se mache un se zielstrewich do hieselaare, wu mir hie wolle. Ob se sich eam Anzelfall laare losse un ob dann aach woas läft oawwer neat, doas bestimme se joa letztlich sowäiso wearre ganz allaa.

Mir hale also fest: Wann die Brunft schun eus Geschäft eas, dann mache mir doas aach, wäi mir doas denke, un losse eus dobei durch doppelte Botschafte oawwer eawwerhebliche Bemerkunge goar neat weiresch irritiern.

Mir misse freilich droff oachte, deass däi Strategie ean eusem Verhale neat irgendwäi durchscheint. Geje trieblastiche Zielfixierunge hu se nämlich immer woas eansewenne. E deroart nüchtern un zweckmäßich durchgeplant Sexualverhale erscheint ihne, wann's aach noch so phantasievoll un reichlich vo eus ausstaffiert wir, neat romantisch genunk. Mir deffe eus deshalb aach nie ean so er typisch männlich Oart dozou äußern wäi z.B.: »Ou, Schatz, es eas Mettwoch, un aech feuhle mich groad so richtich bullich. Maanste neat, es wir wearre emol Zeit?« Dann mache se hiekstwoahrscheinlich alle Schotte dicht. Vielmieh misse mir immer de Eandruck erwecke, deass eus lüsterne Owandlunge uvermittelt un spontan entstieh, un zwar ausschließlich deshalb, weil ihr ganz persönlich weiblich Ausstrahlung doas immer un eawwerall ean eus ausselöse kann. (Genau doas verstieh se nämlich als ihrn entscheidende Beitroag zoum Thema Sex.) Un demnooch sellte mir eus aach ausdrecke un z.B. saa: »Fraa, wann aech dich nur ogucke – du brengst's doch ean de unmöglichste Situatione feardich, deass sich mei Natur schloagoartich ean mir ofbäumt!« So wolle se vo eus erleabt wern. Mir solle zwar schun fasziniert vo dem sei, woas Weiblichkeit als Ganzes ean de Welt ausmächt, oawwer metreiße un eawwerwältiche deaff eus dobei nadierlich nur säi anzich un allaa als Prinzessin, däi sich inner alle annern so unverwechselboar eraushebt.

Domet eas klar, deass entsprechende Oträg vo eus neat kaaltschnäuzich kalkuliert doherkomme kenne. Oawwer wann doas alles e bessche schnörkelich verpackt eas un – weil mir Männer aach neat aus euser Haut eraus kenne – zoufällich immer ganz spontan of en Mettwoch bassiert, werd se doas woahrscheinlich goar neat weiresch störn. Mir weasse joa, deass se eam Wesentliche hearn un seh, woas se hearn un seh wolle.

Vo häi aus lesst ich übrigens aach ganz gout eawwerblicke, wuher der aale mittelhessische Leitsatz ›Spontaneität will gout eawwerlegt seil‹ stammt un woarim der bei eus Männer so beliebt eas. Oawwer doas nur neawebei.

Noch so e Konfliktfeald eas nadierlich, deass ean de weiblich Parallelwelt aach e ganz ajen Sprooch geschwätzt werd. Doas eas deshalb so tückisch, weil Weibsleut joa grondsätzlich die gleiche Wearter un Zaeche benotze wäi mir un weil deshalb zwangsläufich bei eus der Eandruck entstit, mir deere die gleich Sprooch schwätze un misste eus eansoweit eigentlich aach relativ leicht verständiche kenne. Däi Schlussfolgerung eas oawwer offensichtlich falsch. Weil säi ›ihre‹ Wearter nämlich ganz oft völlich ajene Bedeutunge beimeasse, hu mer domet eam Grond e völlich anner Sprooch – besser gesaht, en geschlechtsspezifische Dialekt, en Sexlekt! – vir eus. Doas werd eam Alldoag vo eus Männer fast immer eawwerseh.

Des Wichtichste muss häi fier eus sei, deass mir doas Problem neat innerschätze un dem Irrtum verfalle, däi Innerschiedlichkeit dodurch eawwerbrecke se kenne, deass mir eus weit genunk of die weiblich Sproochwelt eanlosse. Z.B. eandem mir eus freeje, woas säi met irgend so er typisch weiblich Formulierung (›fast mierschtens immer‹) – däi nooch euser Leasoart mieh verschleiert, wäi se zoum Ausdruck brengt – gemaant hu kennt. Genau doas führt eus meatte eans Chaos. Wann so e Fraa z.B. nooch em schiene Sonndoagsspaziergang säht: »So, etz sei aech onnerim zimlich meud!« – e Formulierung, däi met Sicherheit kaam Mann eanfalle deet, dann maant se vielleicht, deass ihr Baa sich ofeuhle, wäi wann se genunk gelaafe wirn. – Vielleicht oawwer aach nur die Feuß. Vielleicht maant se oawwer aach, deass se sexuell etz of kaan Fall irgendwelche Oträg entgejeneamme kann. Oawwer se maant baares. Oawwer goar naut ean der Richtung.

Erausfeanne kenne mir doas, woas tatsächlich met der Mitteilung eam Sexlekt gemaant eas, eawwer kommunikationstheoretische Möglichkeite nadierlich kaum. Un deshalb sellte mir aach endlich alle Ostrengunge ean der Richtung ganz konsequent innerbeanne un eus of die Frooch konzentriern, woas mir sealbst wolle un wäi mir doas gescheit hiekrieje. Euse Weibsleut dou mir domet joa (ean euser Voarneweglaaf-Funktion) sowieso en Gefalle, wäi mir schun seh konnte. Mir zäihe eus also eansoweit of den Standpunkt sereck, deass eam Grond jeder nur fier sich verantwortlich sei kann. Doas eas o Sproochgrenze besonnersch wichtich.

Wäi wann doas neat alles schun komplizziert un ostrengend genunk wir, bestit ean dem Kontext oawwer noch e zousätzlich Problem, woas fier sich genomme durchaus als e ajen

Konfliktfeld ofgefasst wern kennt: Woas fier die Sprooch gelt, trefft joa grondsätzlich aach schun ean vollem Imfang fier des Denke zou. Die Mensche denke joa ean ihrer Sprooch. Un die Konflikte, däi dodraus entstieh, wern mer eus de best beispillhaft aach wearre ean de Praxis ogucke.

Saa mer emol, e Fraa hätt die letzt Noacht schlächt geschloofe un hätt deshalb, weil se etz vir lauter Meudichkeit ganz eawwerdreht eas, verschärfte Probleme, eawwerhaapt noch eanschloofe se kenne. So woas kimmt joa vir. Ean ihrer weiblich Welt kann doas dozou führn, deass se sich (mir neamme o, es wir Sonntoagmoejend, im Auere zehe) en Videofilm oflegt, den se schun 31 mol geseh hot, un sich vir de Fernseh setzt, stoatt sich noch emol eans Bett se leje. Se mächt doas durchaus oabsichtsvoll, weil se sich ean ihrer weiblich Parallelwelt serächtdenkt, deass ihr, sobaald se de Ofang vo dem Film sieht, geweass ean de Sinn komme werd: »Oach, doas eas doch der aale Film, den hoste doch schun so oft geseh, den kennste joa schun ean- un auswennich. Hmm – doas eas joa langweilich. Noja, dann kannste rouhich aach emol die Aache zoumache un e Steck schloofe, do verbasste joa sowäiso naut ...«

Wann e Fraa ean der Oart of Lösungsmoster verfällt, däi eus ean euse männliche Denkwelte ganz un goar krusselich virkomme, dann misse mir dringend dem innere Drang wearrerstieh, doas nooch logische Gesichtspunkte se behannele un entsprechende Rotschläg se verdaale. Retscht eus z.B. ganz spontan eraus: »Also, etz guckste aach noch ean däi Kiot!«, oawwei »Woarim legste dich dann neat eans Bett?«, dann werd säi sich nur of die üblich Oart beschwiern: »Als seiste o mir un hoat irgendwoas se meckern...« – Weibliche Verhältnisse kann mer neat met männliche Denkstrukturn ordne. Wann immer mir doas geje alle Vernunft trotzdem prowiern, stieh mer ratzfaz eam Zentrum vom Geschlechterzores. Deshalb neamme mir däi annern Denkwelte afach als gegeawwe hie, menge eus ean kaaner Weis ean, un mache kommentarlos fier eus des Beste draus. Annern Welte sei annern Welte. Wann säi met so er elektronisch Schlooftablett serächtkimmt, woarim dann neat? Eus muss es o so er Stell nur gelinge, bei eus sealbst se bleiwe, un z.B. se eawwerleje, wäi lang doas schun her eas, deass mir en zünftiche Freuhschobbe gemoacht hu. Während den zwoenhalb Stonn, ean dene der Film läft (wann mir dehaam eam Kealler sowäiso neat bohrn un klobbe deffe), kenne mir eus met aale Kumpels ean de Kneip o schiene Zeire sereckerinnern un sogoar noch e prima Skatrunde dresche. Un wann dehaam de Videorekorder oabschalt un des Band geräuschvoll sereckspult, werd die Fraa woahrscheinlich wach un hot dann aach e schlächt Geweasse, weil se e bessche verpennt hot, un weil deshalb etz des Mittoageasse neat rächtzeirich feardich eas (woas mer ihr, met em fresch gezappte Schobbe fier de Noas, gern noochseh). Mir kenne also durchaus aach die allerletzt Runde noch mettreanke un sogoar sealbst noch a ausgeawwe, wann eus denooch eas. Komme mir dann kurz droff gout gelaunt haam, wern mir eus woahrscheinlich prima met de Fraa verstieh.

Verschiedene Welte komme erscht dann gout minaa aus, wann se verstanne hu, deass de Respekt fier dem jeweils Annere ofs Engste met de ajen Sealbstachtung sesomehängt. Un erscht of dem Fundament kenne solche Zougeständnisse ean de geschlechtliche Grenz- un Zoreslandschafte fier eus aach eawwer die ajen männlich Geworfenheit en Schritt weit enausweise. Wann mir eus ean der Oart im e friedlich Koexistenz bemeuhe, dann scheint eus doas e viel realistischer un vernünfticher Orientierung se sei, wäi däi herkömmlich Virstellung vo em naive Ofenannergegluck, däi mer eus schun als klaane Buwwe eangeschwätzt hot. Wäi de Glaawe os Chreaskinnche. – Es gebt eam Geschlechterzores kaa Erlösung nooch dem Moster: ›Un wann se neat gestoarwe sei, dann leawe se haut noch alle Doag glecklich un sefriere minaa.‹ Schun goar neat, wann mer sich dobei gejeseirich missioniern will. Märchen sei halt Märchen un domet feanne mer eus de best oab.

Mir erinnern eus deshalb, deass die Geschlechter uhnehie im e Gleichgewicht zwische de offizielle un de inoffizielle

Machtverhältnisse bemeuht sei misse, konzentriern eus ean-
soweit ganz zouversichtlich of en realistische ›klaane Grenz-
verkiehr‹, un richte eus domet so kommod wäi möglich ean.
Doas misste mer eus sogoar dann noch als vernünftich vir-
neamme, wann neat mieh debei eawwerich bleiwe deet, wäi
en bescheidene Naturaliedausch, den mer Doag fier Doag
met em klaane Melchkearnchen oabweckele kennt.

Macht

Des Stichwoart ›Macht‹ verhinnert häi, deass mir ean däifsin-
niche Verstimmunge oabretsche. Es konfrontiert eus nämlich
met dem Kernproblem, woas mir weirer owe zwar schun ent-
deckt, eus oawwer fier den Oabschnitt häi sereckbehale harre:
›Verschiedene Welte‹ hu – historisch geseh – die Ogewiehnet,
sich erscht gejenaa oabsegrenze un dann eraussefeanne, wer
de Stärkere eas. Un genau doas eas e ganz ernsthaft Problem
eam Geschlechterzores, woas mir Männer vo je her völlich
verkennt un innerschätzt hu. Oawwer annerscht ausgedreckt,
mir hu eus diesbezüglich viel se lang sealbst woas virgemo-
acht. Bei nüchterner Bewertung misse mir den irreführende
Mythos vom ›stärke Geschlecht‹ möglichst schneall aus
eusem Sealbstverständnis verschwinde losse, wann mir eus
vir noch grisserem Schoarre bewoahrn wolle.

Weibsleut hu joa, wäi mir eus erinnern, die Sexualhoheit
fest ean de Haand. Un wann mir eus doas gesamte Drimerim
vo dene intime Verhältnisse e wink grüdlicher betroachte un
dobei nooch Parallele un mögliche Verallgemeinerunge Aus-
schau hale, dann misse mer eus eam Bezug of die
Machtverhältnisse zwische de Geschlechter schun erhebliche
Sorje mache. Ganau gesaht hu mir Männer eigentlich immer
met schwierschte Verluste se reachene, sobaald mir eus of
ernsthafte Hackereie met de Weibsleut eanlosse. Neat nur
finanziell. Un o demütigende Nirrerloache oawwer Pyrrhus-
siege kenne mer schließlich kaa Interesse hu.

Dodraus ergebt sich fier eus erscht emol die ernüchternd
Schlussfolgerung, deass mir eam Alldoag eigentlich immer

›die Bäll flach hale‹ un eus bescheiden of des Wesentliche konzentriern misse. Z.B. sellte mir droff oachte, deass eus der erwähnte ›klaane Grenzverkiehr‹ – sosesaa als klennster gemeinsamer Nenner, of den mir eus nutfalls sereckzäihe kenne – immer erhale bleibt. Mir hu dobei eam Hinnerkopp, deass alle Oarte vo Verhandlunge zwische de Geschlechter desto ugefihrlicher sei wern, je unbedeutender un klenner des Geschäftsvolume ausfällt. (Deshalb ›*klaane* Grenzverkiehr‹.) Eansoweit eas dann nämlich aach des realistische Risiko eankalkuliert, deass die Fronte sich doch immer emol schloagoartich verhärte kenne un mir durch e unvermeidlich Scharmützel vo euse bescheidene Investitione woas oabschreiwe misse. Eus Verluste wern of dem Wäg wenigstens immer gering ausfalle.

Wäi sich oawwer gleich zeiche werd, deffe mer eus domet neat schun ean falsche Sicherheite wieje. Mir deere eus gewaltich verschätze, wann mir pauschal aus de bescheidene Inhalte vom ›klaane Grenzverkiehr‹ herlaare wellte, deass die Geschäftsbeziehunge ean dem Rohme harmlos wirn, nur weils im naut geng. Ganz eam Gejesatz dozou lihrt eus joa die Erfahrung, deass mir met de Weibsleut fast immer weje Nichtichkeite besonnersch heftich oenaa gerore. Groad häi lauert also Gefohr un wann mir däi imgieh wolle, misse mer versuche, die Ugereimtheite, däi zwische klitzeklaane Oläss un riesengruße Ausenannersetzunge offensichtlich bestieh, besser se begreife. – Woas allerdings so schwier goar neat eas. De Grond fier den Wearrersinn entdecke mir nämlich relativ leicht ean der psychologisch Erkenntnis, deass es eam Geschlechterzores eigentlich (uhne deass mir doas eam anzelne Konfliktfall sealbst merke deere) neat im däi klaane Sache o sich git, eawwer däi mer sich scheinboar zenkt, sondern es git rejelmäßich im die gruß Bedeutung un de gewichtiche Symbolwert, den so e Belanglosichkeit fier Weibsleut manchmol eam Hinnergrond hot. Deshalb sei's oft Bemerkunge eawwer Nichtichkeite oawwer Verhandlunge eawwer Kleckerkrum, däi eus unvermittelt un inner de Haand zou gefiehrliche Machtspillchen verkomme. Doas eas de springende Punkt oawwer besser gesaht: Doas eas eus Kernproblem.

Mir misse demnooch festhale, deass es of kaan Fall scheckt, wann mir eus eam Bezug of die Machtverhältnisse eam Geschlechterzores nur defensiv of e klaa Geschäftsvolume ausrichte. Viel wichicher eas es sogoar fier eus, deass mir learne, dene verschiedene Retsche un Falldiern aus Wäg se gieh, däi oft inner Belanglosichkeite versteckt sei, weil mir eawwer däi jederzeit (eam eigentliche Woartsinn) ean ernsthafte Schwierichkeite ›falle‹ kenne. Jedesmol, wann so e Klaanichkeit (vo eus unbemerkt) fier Weibsleut e gruß Bedeutung hot, leit sosesaa onnedrinner e Falldier versteckt.

Wäi misse mer eus doas oawwer praktisch virstelle? Die Weibsleut deffe z.B. neat entdecke, deass mir Männer eus ean de Beziehung (wäi mir doas fier eus als wichtich erausgeearbt hu) strategisch verhale oawwer deass mir hamlich doas o Kontrolle ausüwe, woas nierich eas, im als Familieowerhaapt die Voarneweglaaf-Roll virschriftsmäßich ausfelle se kenne. Wann mir z.B. ganz normal ean de Kühlschrank gucke, weil mer Hunger hu, dann eas doas durchaus e völlich harmlos Klaanichkeit. Benotze mir oawwer däi Gelejenheit, im se kontrolliern, woas sich häi alles schun d'm Verfallsdatum ogenähert hot un se verschimmele droht, kann die Hinnergrondbedeutung vo eusem ›Gucke‹ gewaltich sei. Die Woahrscheinlichkeit, deass mir domet meatte of er zimlich gruß Falldier stieh, eas extrem huk.

Im doas ausreichend se begreife, misse mer noch e bessche däifer schürfc un eus etz aach noch die emotionale Grondloache dofier genauer betroachte, däi ean rein weibliche Weltsichte begründet leije. Die Weibsleut wolle neat, deass mir eus strategisch verhale, weil se of Harmonie aus sei, un zwar eam gruße un romantische Stil. Nur inner der Bedingung sei se o em Sesomeleawe met eus eawwerhaapt interessiert. Die viel vernünfticher Orientierung fier des Sesomeleawe, nämlich de ›klaane Grenzverkiehr‹, der sich zwar ganz nüchtern of des Wesentliche beschränkt, dofier oawwer vo alle unrealistische Phantastereie befreit eas, kimmt jedem ›klaane Madche‹ völlich inakzeptabel vir. Dobei bleb nämlich vo ›grußer Liebe‹, ›ewicher Treue‹ un ›anzichem Wesen‹ neat viel eawwerich un doas eas schließlich die Statik, däi ihr Weltbild trät.

Prinzessinne hu vo Natur aus gehowene Osprich, däi ganz emotional gestreckt sei. Un e strategisch Reduzierung of en Minimalkonsens (so e ungeheuerlich Eanschränkung) dann aach noch ganz pragmatisch vo em Mann virgesetzt se krieje oawwer dobei sogoar noch sealbst metmache se solle, hale se deshalb schlicht fier en usittliche Otroag. Däi Harmonie ean ihrer Beziehung, vo der se schun als klaa Madche getraamt hu, muss sealbstverständlich romantisch ofgebaut sei. Im genau se sei, misste däi dozou erforderliche spontan-emotionale Grondloache eigentlich schun vir de Beziehung dogeweast sei. Sosesaa wäi e schicksalhaft Bestimmung, däi beim erschte Sesometreaffe unausweichlich zou er Fusion führt, ean der dann feuerwerksmäßich gewaltiche Energieje ean Form vo Gleck freigesetzt wern. – Om beste oawwer baares: Doas gefeuhlshafte Wonner muss virher schun do geweast sei un aach immer wearre nau entstieh. Es muss sich also aus sich eraus immer wearre nau erscht ofloare un dann silvestermäßich entloare. Wäi e richtich Perpetuum mobile halt. (Ja, genau: ›Scheißphysik!‹) Un zwar met e bessche Schmackes, deass ihne ims Hearz erim jedesmol richtich schmoachtich un wohlich werd.

Läft doas oawwer neat, krieje se z.B. de Eandruck, deass häi vo euser Seit her vielleicht e zielstrewich, e ganz un goar unsentimental Standardbeziehung ogestrebt werd, stieh mir of de Falldier un wern woahrscheinlich eam nächste Moment meatte ean ergebnisoffene Fealdschlochte wach.

Domet eas doas instinkthaft ean eus Männer ogelegte Ofsichts- un Kontrollverhale also met em ganz besonnere Falldierrisiko behaftet. Prinzessinne wolle, wäi mir joa geseh hu, zwar unbedingt noochgelaafe krieje, oawwer of kaan Fall kontrolliert wern. Deshalb deffe se nie merke, wann mir gukke, woas se mache. Mir härre dann sofort e Machtkämpfche om Hals. Wann säi trotzdem woas metkrit un z.B. freegt:

»Woas läfste mer dann als hinnerher?«, dann misse mer so woas saa wäi: »Oach, Fraa, aech waaß joa aach neat, aech kennt als hinner der her laafe.« E durchaus dotzelich Bemerkung, wäi jeder vernünftiche Mensch erkenne kann, däi oawwer ganz ean eusem Sinn wirkt. Se zerstreut sofort jeden Kontrollverdoacht, weil ihr däi Emotionalität, däi se aus euser Erklärung erausheart, gefällt. Se heart, woas se will un hält deshalb eus Bemerkung fier en Ausdruck vo Ohänglichkeit un kinnischer Zouneigung. Doas setzt ean ihrm Gehirn Endorphine frei un sofort eas se dann wäi e Lämmche. Waech wäi Kneet. Wann se doas etz gleich ihrer Freundin verzehle kennte, dann deet däi dodreawwer neidisch wern.

Aach alles annere, woas ean typische Ausenannersetzunge münde kennt, misse mer of vergleichboare Wäje imgieh un o de Möglichkeite vom ›klaane Grenzverkiehr‹ ausrichte. Mir wirke deshalb zwar nooch auße hie immer irgendwäi vergeasslich, usicher, emotional bedürftich usw., orientiern eus oawwer intern immer ganz nüchtern om Wesentliche. Wann die Fraa z.B., weil mir de Klodeckel wearre neat eroabgemoacht hu, ihrer Freundin verzehlt (so deass mir doas methearn kenne un solle): »Manchmol lieb ich en joa haaß un innich, oawwer manchmol kennt ich en erschäiße. Do geng mer kaa Aache debei eawwer!«, dann deffe mer of kaan Fall strack degejehale: »Woas, du willst mich erschäiße?« oawwer: »Du host mer joa aach Petersilie ean die Sopp gemoacht.« So woas eskaliert immer. Mir behale dogeje alles inner Kontrolle, wann mir eus klarmache, deass met deroartiche Reaktione vo eus erschtens so en brutale Oschloag joa goar neat se verhinnern wir un zwaalens, deass mir eus häi goar kaa Sorje se mache brauche. Däi Weibsleut, däi so woas saa, wern aller Woahrscheinlichkeit noouch naut mache. Solche Äußerunge kenne mer getrust als reines Imponiergehabe vom matriarchale Thron eroab begreife un eus weirer ganz rouhich of de ›klaane Grenzverkiehr‹ konzentriern.

Nadierlich wirsch fier eus ean so er Situation aach völlich falsch, Verständnis dofier se heuchele, deass säi Mordgedanke heegt. Se deet eus doas joa sowieso neat oabkaafe.

Mir reagiern deshalb besonne un konzentriern eus of en bestimmte Aspekt vo ihrer Bemerkung. Woas eus häi of de erschte Blick so bedrohlich un brutal entgejekimmt, hot nämlich en innere Witz. Se lacht joa aach ganz feist, noochdem se doas ihrer Freundin verzehlt hot, un däi lacht gleich met. Richtich fett un ganz vo onne eraus. Domet losse däi zwo Weibsleut joa erkenne, deass ean der Vernichtungsphantasie aach e entgejegesetzt Botschaft metschwingt, däi sich ugefihr so oheart: »Mer muss se« (eus Männer) »joa doch irgendwäi gern hu, sealbst wann mer eigentlich kaan Grond mieh defier nenne kann, woarim!« Häi kimmt doas aale Gefeuhlsmoster durch, woas jed Motter eam Bezug of ihr klaane Buwwe ofgebaut un oabgespeichert hot, wann däi wearre emol woas ausgefreasse harre. Un genau doas zeicht eus de Wäg. Doas bedeut Spillräum, däi mir notze kenne. Aach ean eusem Beispill werd, obwähl se stocksauer of eus eas, alles vo sealbst gout, wann mir nur en Aachebleck woarte un eus aus taktische Erwägunge bedeckt hale, stoatt typisch se reagiern un e Grondsatzfrooch draus se mache. Mir kenne e bessche ›Hilflosichkeit‹ signalisiern un z.B. saa: »Mer muss wirklich noch fruh sei, wann mer me'm Leawe devokimmt.« Dann lache se wearre, so richtich vo onne eraus, sei oawwer ean ihrm Moster gefange un kenne goar neat annerscht, wäi eus letztlich alles durchgieh se losse.

Woas wolle mer also mieh? Bessere Bedingunge kenne mer neat krieje. Mir dou eus de grisste Gefalle, wann mer zwar ganz konsequent de ›klaane Grenzverkiehr‹ betreiwe, doas oawwer verpackt ean so er buwwemäßich Begleitmussik mache, deass säi eus neat bies sei kenne. Wichtich eas dobei nur, deass mir neat wäi die Schullihrer (Weibsleut deere sofort saa: Besserweasser) oftreare. Domet stenne mir sofort wearre meatte of er Falldier. Wann mir oawwer äußerlich ahnungslos dou un scheinboar geholfe krieje misse, wern eus alle Diern offgemoacht.

So viel also erscht emol zoum Problem Konfliktvermeidung eam Ogesicht vo gefiehrliche Falldiern. Die Machtverhältnisse misse mer oawwer aach noch inner annern Aspekte beleuchte.

Beziehungspflege

Weil eam Machtpoker wirklich jed Form vo Kontroll- un Gewaaltverzicht, sealbst wann e noch so dotzelich doherkimmt (»Oach, Fraa, aech waaß joa aach neat, aech kennt als hinner der her laafe.«), die weiblich Ur-Engst fier de körperlich Eawwerlejenheit vo eus Männer berouhicht, kenne mir domet aach ganz pauschal Beziehungspflege betreiwe. Ugefihr so, wäi mer en Flauscheffekt beim Frottee erzielt, wann mer rejelmäßich Lenor eans Speulwasser vo de Wäschmaschin kippt. Doas funktioniert eawwer Beschwichtichunge un klaane, eanlullende Geste, däi sosesaa die Beziehung waechspeule un domet die weiblich Aggressionsbereitschaft dämpfe. Wann mir die Ur-Engst vo de Weibsleut domet ean Schach hale kenne, hu se aach kaan Grond ihrn Machtapperoat geje eus ean Stellung se brenge.

Fier eus Zwecke misse solche Beschwichtichunge nadierlich ean die Normalität glaabhaft eangebett sei, se misse also wäi sealbstverständlich un ganz beiläufich doherkomme. Wann mir z.B. ean de Wohnstubb e Wesp erschloo un eanausgewoarfe hu un dann (met em fresche Oabtreckenduch aus dem Kicheschrank ean de Haand) de Fraa eawwern Wäg laafe, werd däi vielleicht se erscht weje dem fresche Duch of eus ofmerksam un dann blitzschneall aus euser Haltung un em Rest vo Triumph ean eusem Gesichtsausdruck of e typisch männlich Gewaaltbereitschaft schläiße. Ean so em Fall werd se z.B. misstrauisch freeje: »Woas mächst'n met dem Oabtreckenduch?« un eus dobei prüfend ogucke.

Bereiniche kenne mir däi Situation, eandem mir z.B. saa: »Oach, häi flug mer als e Wesp im de Kopp erim un do hu aech se enausgejahlt.« Un wann se dodrott freegt, oab mer doas klaa Däierche bei der Vertreiwung vielleicht erschreckt, verletzt oawwer sogoar gekillt härre, saa mir nadierlich: »Naa, naa. Aech hu er nur met dem Oabtreckenduch häi gewunke un ean Richtung Feanster gezeicht, wu se enausfläije konnt. Un se hot's aach gleich eangeseh un wollt dann sealbst läiwer enaus.« – Die Fraa werd etz woahrscheinlich stolz of eus sei un of ihr gout Erziehung, däi se eus hot ogedeihe losse. Of jeden Fall eas oawwer die Atmosphäre wearre völlich entspannt.

Im zousätzliche praktische Beispille fier solche Standardbeschwichtichunge kenne mer eus häi leider neat kimmern, do muss sich jeder emol sealbst Gedanke mache. Es gebt nämlich noch e anner Möglichkeit, die Beziehung e bessche geschmeidich se hale, of däi mir ubedingt noch neher eangieh misse. Doas hot domet se dou, deass mir Männer zwar anerseits – eam Rohme vo Kontroll- un Gewaaltverzicht – neat laut schealle un meckern deffe. Annererseits kenne mir freilich neat pauschal droff verzichte, eus persönliche Interesse nutfalls aach met Noochdruck se vertreare. Mir hu eansoweit also e ganz grondsätzlich Problem vir Aache, woas eus eam Alldoag häufich queelt, un fier doas mer eus deshalb emol e optimal Lösung ogucke wolle:

Die Alternative zoum typisch patriarchische Herrschaftsgemecker eas e betontes, om beste sogoar e stolzes Schweije. Doas beschwichticht schun of de erschte Blick durch sein vermeintlich passive Charakter, werd oawwer aach deshalb viel besser wirke wäi jed lautsteark geäußert Kritik, weil Weibsleut bekanntlich sowieso Schwierichkeite hu, Lihr oseneamme. Mindestens genauso wichtich eas ean dem Kontext allerdings fier eus, deass so e Schweije sei Wirkung dout, uhne deass es als Instrument eawwerhapt bemerkt werd. (Ean dem aale Sprichwoart, ›Schwätze eas Silwer, un Schweije eas Gold‹, hot doas alles woahrscheinlich schun sein Ausdruck gefonne.) E stolzes, souveränes, quasi erhabenes Schweije erinnert des ›klaane Madche‹ ean de Weibsleut nämlich o ihrn eawwergruße Babba, un zwar ganz un goar unbewusst. Dodurch eas die Wirkung vo euser Technik wäi durch Zauberei verstärkt, weil mir gleichzeirich drei Flieje met aner Klapp schloo: Wann mir babbamäßich schweije, gieh mir erschtens jeder offen Konfrontation aus Wäg – ean der mir nur verlirn kennte –, zwaatens weiche mir dene Falldiern un Retsche aus, däi eam Alldoagsgeschwätz inner harmlose Bemerkunge lauern un dreattens werd dodurch aach noch des aale Broav-sei-Programm aktiviert. Des ›Madche‹ versucht dann, seim Babba se gefalle un doas se mache, woas he will.

Eansoweit werd also schun emol deutlich, eawwer woas fier e außergewöhnlich Werkzeuch mir häi verfüche kenne. Domet oawwer neat genunk. Zou euser Eawwerraschung steckt ean der raffiniert Schweijetechnik tatsächlich noch e zousätzlich Wirkung, durch däi sich doas Instrument ean e Oart Generalschlissel verwandelt, met dem mir jederzeit un vo eawwerall her bes ean die Steuerungszentrale vom weibliche Machtapperoat gelange kenne. Doas lesst sich allerdings erscht bei näherer Betroachtung erkenne un wann mir eus noch emol ean des ›Mama-Moster‹ sereckdenke. Der mächtiche Automatismus prägt sich joa bei Weibsleut eam Imgang met ihre klaane Keann aus un eansoweit erinnern mir eus aach o die Schwierichkeite, däi jed Motter bereits ganz freuh dodurch hot, deass ihr Keann (Buwwe wäi Marerchen) uleirich sei, heule, plärrn usw.

Wann mer eus däi Sesomehäng etz e bessche genauer ogucke, dann werd eus of amol deutlich, deass däi mütterliche Schwierichkeite schun ean vollem Imfang bestieh, sobaald die Knirpse nur beleidicht sei oawwer die Stirn ean Faale zäihe. Doas muss aach so sei, weil de natürliche ›Noochlaafinstinkt‹ (mir erinnern eus o die Hospitalismus-Forschung) so woas zwingend met sich brengt. Es kann joa immer emol e Bäuerche querleije – un Schleammeres. Die zwangsläufich Auswirkung vo all dem eas oawwer doch, deass die Weibsleut hukgroadich dovo oabhängich sei, deass es de Klaane gout git. E Oabhängichkeit, dei se hilflos ausgeliwweit sei. Se misse ständich denooch gucke, deass ihr Liebling goure Laune hot un sobaald die erschtc Wölkchen of de Stirn oftauche oawwer Fältchen im die Mundwinkel erkennboar wern, leje se sich sofort eans Zeuch, domet die Sonn wearre vo em blanke Himmel eroab scheint. Wann die klaa Bezugsperson also e Brutsch mächt un dozou ostentativ schweit, läft ganz automatisch des weibliche Wearre-goutmach-Programm o.

E ausgereift Schweijetechnik ermöglicht eus demnooch,

gleichzeirich des »Klaa Madche« un des ›Mama-Moster‹ se aktiviern, uhne deass mer eus noochweise kennt, deass mer eawwerhaapt irgend eabbes gemoacht härre. Met em deroart wirksame Durchgreaff of die gegnerisch Steuerungselektronik kennte mir als sprichwörtlicher ›David‹ – der mir ean zwischegeschlechtliche Verhältnisse momentan zweifellos noch sei – durchaus geje jeden ›Goliath‹ ofstieh.

So domm wern mir allerdings neat sei! Die Geschichte hot eus Männer gelihrt, deass e verdeckt Strategie eam ›klaane Grenzverkiehr‹ viel mieh eanbrenge werd un die gewichtiche Gründe dofier deffe mir nie aus de Aache verliern. Mir misse immer dro denke, deass die Zentralbastion (Sex) vo eus niemols eangenomme wern kann un allaa domet sei mir faktisch schun extrem vo de Weibsleut oabhängig. Doas eas oawwer bedauerlicherweise noch neat alles. Des eigentliche Problem lauert erscht hinner der zentral Oabhängichkeit un es leit häi aach noch ean em Tabu versteckt, so deass dodreawwer kaum je geschwätzt werd . Häi hu mir Männer eus ›Achillesversch‹. Mir kenne – eam Gejesatz zou de Weibsleut – neat automatisch sicher sei, deass es sich bei den Keann, däi mir grußzäihe, im eus ajen Blout hannelt. Un doas prägt die Machtverhältnisse deroart zou eusem Noochdaal, deass mir of so woas wäi Waffengleichheit eam Geschlechterzores niemols hoffe kenne.

Domet misse mir Männer leawe.

Achtung: Sealbstbetrug

Oawwer sei's drim, gucke mer läiwer nooch den Verhältnisse, däi mer ännern kenne. Met den naue Ausrichtunge un Strategieje, däi mir eus bes häi her erschläiße konnte, hu sich – uhne deass doas die Weibsleut registriert härre – die owere Schichte eam Machtgefüge merklich verännert. Wann mir etz schlau sei un domet neat gleich hausiern gieh un uhne Nut vo eus aus verzehle, deass mir woas Entscheidendes gelearnt hu, eas des Entdeckungsrisiko fier eus gering. Mir kennte also eigentlich euse Geländegewinn erscht emol ean aller Rouh oabsichern, eus ganz entspannt noch e bessche ean de Deckung ofhale, un vo den gewonnene Vordaale profitiern, wann do neat e ganz anner Problem bestenn. Viel woahrscheinlicher eas es nämlich, deass mir eus sealbst bei nächst bester Gelejenheit wearre dabbesich un naiv ean euse aale Rollemoster verfange un euse klaane Etappesieg domet wearre leichtfeardich verspille wern. Die Weibsleut weasse z.B., deass mir Männer eus unbewusst immer ean die Chefroll phantasiern. Un wann se vo eus woas wolle, saa se virher irgendwäi eam Vorbeigieh zou eus: »Alles klar, Chef.« Se drehe sich dann mierschtens noch neat emol erim, im se gucke, wäi mir of den Köder reagiern. Vielmieh kenne se bleand droff vertraue, deass doas sei Wirkung dou werd un deass ean eus domet e mächtich archaisch Software aktiviert eas. Ugefiehr so, wäi sich e Hinkel purret oawwer me'm Hinnerschte so lang hie un her mächt, bes es richtich bequem of seim Neast setzt, so purren mir eus etz uhne woas se merke ean euser Chefroll un mache's eus bequem of dem phantasiemäßich innergeschowene Chefseassel. Un wann mir dann en kurze Moment später sealbstsefriere dodroff weggedöst sei, kenne säi eus ganz leicht hieschiewe, wuhie se wolle.

Etz eas doas Problem bes häi her fier eus Männer noch anichermoße begreiflich oawwer besser gesaht: So weit eawwerblicke mir doas noch relativ gout. Üblicherweise denke mir dozou allerdings aach, deass mir doas alles nur amol richtich kapiert hu misste, im neat immer wearre vo Nauem of doas afältiche Spill ereansefalle. Genau domet täusche mir eus oawwer scalbst, un zwar gewaltich! Ganz exakt durch däi Sealbsttäuschung setze mir tatsächlich erscht richtich ean de weibliche Machtspillchen un euse ajene Verwecklunge fest.

Met dene theoretische Eansichte allaa eas nämlich noch neat viel gewonne. Eus konkret Verhale verännert sich dodurch of kaan Fall – wäi mir denke – ganz automatisch met. Mir merke aach etz (noochdem mir doas eangeseh hu) immer noch viel se speet, wann mer schun wearre of'm Chefseassel eangedöst sei, un hu dann groad wearre vo Nauem des untrügliche Gefeuhl, »alleweil härre mer oawwer wirklich endlich begreaffe, wäi doas Spill läft«. Doas eas die Schlisselstell, o der mir eus ean eusem ajene System verfange un dann wäi ean em Deuwelskraas feststecke.

Gefeuhlszoustenn kenne täusche, wäi mir joa bei de Weibsleut geseh hu. Of däi Oart komme mir also neat aus dene Oabhängichkeite eraus, däi aale Programme met sich brenge. Es git häi tatsächlich ›de Mensche wäi de Leut‹. Aach mir Männer neige ean so em Fall dezou, eus sealbst woas virsemache, un nur doas se hearn, woas mer hearn wolle. Un die Wohret eas, aach wann doas nur schwier ertraat wern kann, deass mir eus innere Moster, den uneawwersichtliche Durchenaa vo de verschiedenste Softwareprogramme, goar neat verlosse kenne.

Nadierlich eas doas erscht emol en Schock fier eus – zougegeawwe. Oawwer den kenne un misse mir aushale. Es gebt häi wirklich kaan Grond se verzweifele. Vielmieh kann der Schock sogoar e heilsam Wirkung fier eus hu. Es eas nämlich so, deass mir eus zwar sealbst neat entkomme kenne, gleichwähl sei mir oawwer fähich, zousätzlich zou euse aale Moster Naues dezouselearne. Annerscht ausgedrückt: Mir kenne eus Softwareausstattung weirer ergänze un Kontrollprogramme entwickele, im den ganze Durchenaa ean eusem Sinn e bessche beherrschboarer se mache. Doas eas de erschte wirkliche Schritt oawwer besser gesaht, die erscht wichtich Viraussetzung, im aus eusem Deuwelskraas eraussekomme. So wäi ean de Computerei met em Vireprogramm bestimmte Vire se erkenne sei, kenne mir met em Achtung-Chef-Programm bestimmte Chef-Technike vo euse Weibsleut erkenne. Mir seh dann z.B. schun freuh, wann se eus de Chefseassel ebeirolle un innerschiewe wolle, un hu dodurch endlich die Möglichkeit, rächtzeirich wach se wern un se begreife, ean welcher Gefohr mir sei, wäi gruß däi Verführung un wäi mächtich der Automatismus eas, der eus do droff zäihe will. Mir spiern etz, wäi gout eus doas gefällt un kenne (soweit mir doas wirklich wolle!) vo häi aus aach doas Moster bewusst erleawe, nooch dem mir sealbst tatsächlich funktioniern.

Eansoweit kenne mir also of e zimlich irritierend un befremdlich Oart woas dovo erfoahrn, wäi sich doas ofeuhlt, wann sich eus Oabhängichkeite ean eus sealbstännich mache; wäi mir eus durch däi ogeboarren Chefroll gebauchbinselt feuhle un wäi gout eus doas gefällt; wäi eus doas soat un meud mächt; wäi egal eus dobei die Restwelt werd un eus Vernunft; un wäi erbärmlich mir domet ean de Geschlechterzores verstrickt sei. Wann mir durch däi Schul gegange sei, hu sich eus Bewusstheit un eus Sealbstkontrolle schloagoartich gesteigert. Mir hearn oab häi, wäi doas klaane Männche ean eusem Uhr of eus eanschwätzt: »Ei, es eas doch dein Seassel un bequem eas e doch aach. Also stell dich doch neat o wäi e Madche. Sei neat domm un setz dich hie, sonst mächt's imetz annersch.« Un oab do kenne mer aach praktisch woas verännern, eandem mer eus strategisch verhale un z.B. antworte: »Naa, aech will mich eweil groad neat setze. Aech muss emol en Aachebleck stieh, mir dout des Kreuz wieh.« Doas bedeut Entwicklungsschritte fier eus, däi o die Qualität vo Quantesprüng erinnern, un däi eus aach des ganze Gefüge vom Geschlechterzores viel zougänglicher mache kenne.

Oawwer halt! Die Betonung leit dobei of de Möglichkeitsform ›kenne‹. Mir wolle neat vergeasse, deass mir immer noch ganau o der Stell sei, wu mer eus vir eus sealbst ean Oacht neamme misse. Häi stellt sich fier eus üblicherweise des Gefeuhl ean, »alleweil härre mersch endlich kapiert un domet wir die Sach erledicht«. Dodroff deffe mer neat ereannfalle un misse eus erinnern, deass mir de Deuwelskraas nur verlosse kenne, wann mir aach de zwaate (de alles entscheidende) Schritt mache un eus tatsächlich annersch verhale. Nur wann mir der Verlockung vo Chefseassel un rure Debbich ganz praktisch wearrerstieh, ännert sich wirklich woas. Erscht dann, wann mir eus tatsächlich neat hiesetze un kaan Schritt of de Debbich dou, sei mer durch des Problem amol durch un ean eusem Sinn e Steck weirer.

Genau doas geheart zoum Schwierschte, woas mir eawwerhaapt feardich brenge kenne. Häi entscheidt sich alles. Häi eas ›Kap Hoorn‹ un häi werd sich zeiche, wer vo euse

Geschlechtsgenosse genunk Masse un Struktur ofweist un wer zou de Schwätzer un Schauspiller geheart. Un häi werd sich deshalb aach letztlich erausstelle misse, woas ean eusem Geschlecht als Ganzem steckt.

Wann mir also aus dem Deuwelskraas Sealbstbetrug wirklich erauskomme wolle, dann hot doas en ganz konkrete Preis: Mir misse eus vo er mächtich un ganz aalt Illusion veroabschiede, däi eus ean viele Johrdausende Gattungsgeschichte doch oarg os Hearz gewoase eas. Aach wann (oawwer: groad weil!) doas sealbstgefällige, eangelullte ›Chef-Röllche‹ vo auße betroacht oarg o de Mittoagsschloof vo Säuglinge erinnert. Wann mir häi neat verzichte un eus neat eam eigentliche Woartsinn ›ent-wickele‹ kenne, dann werd aach jeder Versuch, met em Säuglingsgehabe o des ›Mama-Moster‹ se appelliern goaschtich nooch heanne lusgieh.

Vo häi oab git's also ean eusem Leitfoarrem eigentlich nur noch fier all däi Geschlechtsgenosse hilfreich weirer, däi sich eansoweit sealbst veränern un of de Wäg mache wolle. Wer sein Chefseassel – ganz emotional betroacht – doch läiwer behale will, der bleibt etz wirklich besser setze. Jeder kann letztlich nur of sei Oart glecklich wern un wer häi bequem rouht, brauch sich schließlich neat met der Frooch erimsequeele, wäi sich doas ofeuhlt, wann sich imetz annersch droff braatmächt.

Mir annern misse oawwer etz ›Stehvermögen‹ zeiche. Un weil eus Reckfallrisiko wäi gesaht immer gruß eas, kann's nie schoarre, wann mir zwischedurch immer emol en klaane Test mache un eawwerprüfe, ob mir neat sealbst doch schun längst wearre of'm Chefseassel weggedöst sei, oawwer of irgendaam rure Debbich erimlaafe, uhne woas gemerkt se hu. Doas eas relativ ukompliziert un funktioniert z.B. ganz fabelhaft eawwer klare Kommandos, wäi mirsche vom Bund kenne. Wann mir so e Kommando geawwe (also z.B.: »Häiher eweil!«) un säi mault eawwer euse Ton, eas alles ean Ordnung. Wann säi oawwer antwort: »Wäi de willst, mein Bester«, oawwer »nadierlich, mein Schatz«, sei mer woahrscheinlich ean eusem aale Programm innerwägs, doas eus nur oarg begrenzt do hiebrengt, wu mir hie wolle. En klare Befehl, ean Verbindung met er umissverständlich Erwartungshaltung, kann eus also ean de Beziehung jederzeit (wäi e Lackmusstäbche) ozeiche, woas lus eas. Domet wolle mer doas leidiche Thema ›Macht‹ häi oawwer endlich hinner eus losse.

Verwirrung un Verständichung

Woas mir eawwer de ›klaane Grenzverkiehr‹ zwische de Geschlechter besher festgestellt hu, bedeut joa bei genauer Betroachtung, deass mir eam Grond nur fier eus sealbst verantwortlich sei kenne un de Weibsleut eawwerlosse misse, fier sich se sorje. Eam Grenzhannel säht jeder woas e will un krit eansoweit vo de anner Seit se hearn, woas he sealbst dofier hergeawwe muss, wann's met dem Geschäft woas wern soll. Doas heart sich allerdings ean de Theorie aach wearre viel afacher o, wäi's praktisch tatsächlich eas, weil jeder deroartiche Hannel nadierlich nur eawwer des Vehikel Verständichung funktioniern kann. Un Verständichung eas nadierlich neat nur vo gemeinsam verwendete Wearter un Begreaffe oabhängich, sondern aach dovo, deass däi korrekt benotzt wern.

Etz hu mir oawwer leider schun feststelle misse, deass Weibsleut z.B. ›links‹ un ›rächts‹ ständich verwechsele, inner annerem deshalb, weil se ean er Oart gefeuhlmäßichem Beziehungswahn dovo ausgieh, Mann un Fraa misste sich ›afach so‹ verstieh. Also uhne doas vo solche Neawesächlichkeite wäi Begreaffe un Formulierunge oabhängich se mache. Wann se däi Wearter ›links‹ un ›rächts‹ benotze, dann wolle se zwar schun, deass mir verstieh, welch Richtung se maane. Doas solle mir allerdings winger aus den Wearter un ihre gejesätzliche Bedeutunge entneamme, sondern vielmieh direkt dodraus, wäi säi doas bildhaft ean ihrer persönlich Virstellung gemaant hu. Se wolle, deass sich irgendwäi direkt (vielleicht telepathisch, wäi bei Uri Geller) aus ihrm Denke of eus alles Wichtiche eawwerträt, während säi dozou äier beiläufich aach woas schwätze. (»Wann en Mann sei Fraa richtich liebt, dann verstirre se aach.«)

Weil mir Männer o der Stell eigentlich schun naut mieh metkomme, jedenfalls neat wirklich, wolle mer etz wearre versuche, eus doas o em technische Beispill begreiflich se mache: Weibsleut stelle sich die Verständichung met eus ugefihr so vir, wäi mer ean zwo Fernseher de gleiche Videofilm ogucke kann, wann mer däi Apperoate richtich merrenaa verkawelt hot. Analog dozou denke se, deass ean euse Kepp (Bildschirm) alles doas ean klare Bilder oftauche misst, woas säi maane oawwer sich virstelle (woas säi halt of'm Schirm hu), obwähl se dozou durchaus treub un manchmol sogoar gejesätzlich formuliern. Solche verbale Beschreiwunge wirn joa aach ean ihrer Theorie, also inner ihre Bildschirmbedingunge, kaum noch wichtich. De benotzte Wearter keem häi neat mieh Bedeutung zou, wäi wann se z.B. vo weirem met irgandaam beliebiche Lappe ganz grob ean irgenda Richtung winke deere, während mir of'm Fotohandy joa ganz genau un ean aller Klarheit seh kennte, woas säi denke. Nur scheine mir Männer (im ean dem Bild se bleiwe) irgendwäi noch aale Handys se hu, of dene mer goar kaa Bilder ogucke kann.

Jedenfalls: Weibsleut gieh dovo aus, deass doas met dem telepathische Funkhokuspokus un seiner honnertprozentich Eawwertragungssicherheit ganz »automatisch funktioniert, wann mer sich richtich liebt«. Feardich, ab.

Domet stieh mir vir em völlich naue Problem, of doas eus besheriche Strategieje neat zougeschnearre sei: Wann imetz fier sich ean Ospruch nimmt, manchmol des genaue Gejedaal vo dem se saa, woas e wirklich maant, dann eas doas (soweit mir doas häi als e Oart ›Geläppeawwertragung‹ offasse) fier sich genomme erscht emol noch neat schleamm. Zoum oabsolute Chaos werd doas allerdings sofort, wann derjeniche eansoweit aach noch droff bestit, verstanne se wern. – Un zwar richtich. Dann eas nämlich die vernünftich Welt se Enn. Dann sei die Sozialwissenschafte un die psychologische Beratungsstelle om Enn; dann gucke alle Doktern kariert; dann schloo sämtliche Sproochwissenschaftler gleichzeirich die Henn eawwer de Kepp sesome; dann kann eigentlich die komplett Geistesgeschichte metsamt de Aufklärung un ihrm Wahlspruch: »Trau dich, dein ajene Verstaand se benotze!«, nur noch schluchzend oabwinke. Oawwer – un doas misse mer eus vielleicht gout merke – sich distanziert erimdrehe un des Weire suche.

Wäi solle mir met so woas serächtkomme? Wann e Fraa ›links‹ säht oawwer ›rächts‹, dann kimmt's – genaa betroacht – eigentlich goar neat droff o, ob se etz des ane oawwer des anner säht. Wichtich eas joa ausschließlich, woas se maant, un eansoweit eas es eam Grond völlich egal, woas se säht. Die logisch Konsequenz dovo eas allerdings, deass mir dann goar neat mieh hiesehearn brauche. Wann egal eas, woas se säht, dann eas aach egal, woas mir verstieh.

Ja, oawwer – brengt eus so e Eansicht weirer? Of der Basis funktioniert euse »klaane Grenzverkiehr« nadierlich neat. Vielmieh krieje mir häi des Gefeuhl, wäi wann mer ean er ganz typisch ›Zwickmehl‹ seeße. Egal, woas fier en Zug mir als nächstes mache, es ›kost eus nur wearre en Staa‹ un brengt eus kaan Schritt weirer. Mir deere doch z.B. ganz automatisch ean Deuwels Kich gerore, wann mir versuche wellte, halbwägs vernünftich domet imsegieh. Also, wann mir z.B. vo de Weibsleut generell verlange deere, »deass jeder, der verstanne wern will, sich schun genaa ausdrecke muss«. Doas deet erfahrungsgemäß bedeure, Öl eans Feuer vom Geschlechterzores se gäiße. Säi wirn sofort empört un owenaus. Sealbst en diplomatische un als Frooch formulierte Hinweis vo eus, wäi z.B.: Wann mer ›links‹ maant und ›rächts‹ säht, dann eas doch die Woahrscheinlichkeit, deass mer missverstanne werd zimlich huk – oawwer?, deet fier weibliche Uhrn o so er Stell biesoartich un gemein klinge. Solche Sticheleie kennte ean ihre Aache nur aus aaltbekannte feindliche Linie komme. Fier so woas hu se honnertprozentich (sealbst wann se's neat zeiche) immer nur Oablehnung un de nächste Zug met ihrer Zwickmehl eawwerich. Un domet wirn mir schun wearre de nächste Staa lus un deere woahrscheinlich aach noch fier alles Uverständnis ganz allaa verantwortlich gemoacht wern, nooch dem Motto: ›Wann mir säi nämlich wirklich verstieh wellte, dann deere mir aach verstieh.‹ Woas joa nix annersch häßt, wäi deass mir eus ›endlich ernsthaft‹ bemeuhe un ihne richtich zouhearn solle. – Während mir dobei freilich weirer of die Grondloache vo jeder Verständichung verzichte misste, wumet mer wearre om Ofang wirn un die nächst Runde of dem Verrecktekarussell eanläure kennte.

Woas bleibt eus Männer häi eawwerhaapt noch eawwerich? Mir kenne joa neat afach so dou, wäi wann naut wir. Rein theoretisch kennte mir zwar versuche, eus of doas verschrowene Weltbild eanselosse un – saa mer emol – nur zoum Schei droff eangieh, weil mer joa doch immer irgendwäi die Bäll flach hale misse. Doas hätt of de erschte Blick sogoar woas durchaus Verlockendes, weil mir dann, wäi mer ean Mittelhessen säht, ›de Läiwe Gott en goure Mann sei losse kennte‹. Mir brechte eus joa dann sealbst aach neat mieh dem se innerwerfe, woas mer allgemein inner Gehirndisziplin vestit. Z.B. kennte mer dann saa: »Also gout, Fraa, aech seh doas alles ean, mir Männer sei afach zou klaakariert gestreckt. Mer muss joa wirklich neat alles so eng seh un sich des Leawe noch schwierer mache, wäi's uhnehie schun eas. Woahrscheinlich hot ihr Weibsleut afach rächt, wann ihr des Leawe gefeuhlsmäßich om Weckel packt un nur of doas Oacht geabt, woas ihr emotional aach gebrauche kennt. Bestimmt erweist sich des Sesomeleawe als ganz un goar ukompliziert, wann mir eus nur of irgendwoas aniche. Of irgenda beliebich Virstellung, däi ›halt groad emol aner so maant‹. Däi gefeuhlsmäßich schun richtich sei werd un of däi mir eus dann afach sesome festleje. Soll die Restwelt doch mache, woas se will. Woarim sellte mir z.B. neat fier eus beschläiße: ›Bloo eas rut un plus eas minus‹? Wichtich eas joa nur, deass mir eus anich sei un deass eus Gefeuhl stimmt. Mir wern schun kaa gehuscht krieje. Des Leawe eas so kurz. Woarim solle mir eus do unierich zenke. Mer muss sich afach nur verstieh wolle, un dann git doas schun.«

Oawwer wu sellt doas letztlich hieführn? Mir wolle doch schließlich noch jeden Moejend ean de Spiejel gucke un misse deshalb ean erschter Linie met eus sealbst klarkomme. Un mir kenne aach neat, wann mer vo de Earwed haamkomme, afach en annern Kopp ofsetze, wäi mer z.B. en annern Jack odout. Sich of so woas eanselosse, doas wir ugefihr so, wäi wann mer ean em Neubau, eam erschte Stock, die Kloschissel (sosesaa bleand) o irgend e Rohr oschläiße deet, während die Frooch völlich offe eas, wu doas Deank eigentlich hiegit. Ob doas vielleicht ean de Kich onnedrinner wearre aus de Waand kimmt oawwer ob eawwerhaapt e Fundament gegoasse woarn eas, inner dem imetz Oabflussrohrn verlegt hot, däi rein zoufällich aach noch o de Kanal ogeschlosse woarn sei. – So woas eas doch alles Unsinn!

Also, noch emol vo voarne: Mir hu inner logische Gesichtspunkte zwar festgestellt, deass es fier eus wearrersinnich wir, bei irgendwelche Richtungsbeschreiwunge eawwerhaapt nur zousehearn, soweit mir den Wearter ›links‹ oawwer ›rächts‹ goar kaa Bedeutung beimease kenne. Allerdings erinnern mir eus aach noch ganz genaa, deass die Weibsleut doas so neat verstanne weasse wolle. Se wern doas immer als e typisch männlich Schlussfolgerung interpretiern, däi nix annersch bedeut, wäi en emotionale Reckzug aus de Beziehung. (»Du liebst mich neat mieh!«) – Un mir misse die Bäll flach hale.

Wer ean die Verlejenheit komme kann (z.B. als Schullihrer), erklirn se misse, woas e Paradoxon eas oawwer e Dilemma, der kann sich den Sachverhalt joa emol als Paradebeispill notiern. Fier alle annern Männer kann's aus euser Sicht allerdings nix brenge, sich met so em Denk-Labyrinth intensiver se beschäftiche. Ganz eam Gejedaal. Irgendwu muss Schluss sei. Mir misse möglichst zügich do eraus, im wearre en klare Kopp se krieje.

Nüchtern betroacht
Wann mir eus etz emol entspannt serecklehne un däi Situation inner dem Labyrinth-Aspekt met e bessche Oabstand betroachte, merke mir, deass mer rein theoretisch häi eigentlich goar neat weirerkomme kenne. Die Eansicht, deass mir bei jedem Versuch, däi Verständichungsverwirrunge zwische

de Geschlechter gedanklich zou durchdringe, ean em ›Irr‹-Goarde stecke, helft eus joa kaa bessche dobei, eus dodreann serächtsefeanne. Sobaald mir also eneanngerore, wern mir eus aach immer wearre dreann verlaafe. De anziche Schluss, den mir dodraus zäihe kenne, eas demnooch, deass mir gedanklich ganz do drauße bleiwe misse. Un genau dodro wern mer eus etz hale. Mir neamme eus deshalb die Freiheit, die ganz Theorie häi afach foahrn se losse un versuche eus Gleck wearre ean de Praxis un met em konkrete Fall:

Saa mer emol – die Fraa keem vo em lange Spaziergang sereck un deet erscht o de Hausdier merke, deass se ihrn Schlissel verlorn hätt. Woahrscheinlich eas es irgendwu eam freie Feald bassiert, wäi se sich die Noas botze wollt un des Daschetuch aus de Jackedasch gezeh hot, ean der aach de Schlisselbund woar. Etz eas se nadierlich fürchterlich ofgeregt. Gott sei Dank sei mir dehaam un kenne ihr wenigstens die Dier offmache.

Wann eus Männer so woas eawwerraschend trefft, so deass mir eus mental neat droff eanstelle kenne, dann gerore mir joa immer meatte eneann eans Dilemma, bevir mer of des Problem eawwerhaapt ofmerksam wern. (Doas eas so, wäi wann mir ean rejelmäßiche Oabstenn immer wearre ean die sealb Fall dappche deere, weil däi afach zou gout getarnt of eusem Wäg ofgestellt woarn wir.) Mir deere aach ean eusem Beispillfall normalerweis do eneanndappche, weil mir joa ean so em Moment erscht emol sealbst aach ofgeregt sei un vo de Fraa weasse wolle, wu se eawwerall geweast eas. Eam sealwe Moment oawwer, ean dem säi ofingt se erkliern, hot se joa schun gesaht, ean welch Richtung se lusgelaafe eas un dobei – immer gleiche – halbkraasförmiche Bewejunge ean die Loft gemolt, während mir ihr gedanklich hinnerhergelaafe sei. Un wann se dann verzehlt, deass se o er bestimmt Stell nooch links oabgebooche un e ganz Steck groadaus gelaafe eas, stutze mir innerlich un merke, wäi sich schloagoartich e Chaos ean eusem Kopp braat mächt: O der Stell git's nooch links nämlich oacht Meter senkrecht enoab ean en aale Staabruch. – Woas se verzehlt, kann also goar neat sei. Un erscht wann säi monter weirerschwätze un domet die Kompassnool ean eusem Kopp völlich verreckt mächt, sei mir plötzlich o doas aale Links-rächts-Problem erinnert un kreische innerlich laut of: ›Aah! Schun wearre reanngefalle!‹

Mir losse eus deshalb etz goar neat mieh of doas theoretische Debakel ean, sondern konzentriern eus ausschließlich of die Frooch, wäi mir als Mann ganz praktisch met der Situation serächtkomme kenne. Un weil mir durch Beschreiwunge nix dodreawwer erausfeanne kenne, wu säi tatsächlich erimgelaafe eas, deffe mer zou Richtunge un Örtlichkeite eawwerhaapt naut saa un of kaan Fall woas freeje. De anziche Auswäge eas demnooch, wann mersche eans Auto packe un de Wäg afach obfoahrn. Deshalb saa mer: »Mach der kaa Gedanke, de best foahrn mer den ganze Wäg langsam me'm Auto oab. Dein Schlisselbund hot joa Ausmoße (Werkzeuchkist/Schäißbud), däi mer neat leicht eawwerseh kann. Du fiehrschst!« Nur wann säi sealbst fiehrt, kenne mir dem Links-rächts-Wahnsinn entkomme un eansoweit aus'm Irrgoarde drauße bleiwe. Mieh eas allerdings häi neat se mache.

Inner günstichere praktische Verhältnisse oawwer, wann mir z.B. die Möglichkeit hu, eus rächtzeirich of doas Links-rächts-Dilemma eansestelle, kenne mir eus met e bessche Geschick völlich frei beweje un eus trotzdem vo de Eangäng zou dem Irrgoarde fernhale. Wann mir z.B. ean Kur sei (weil mersch eam Kreuz hu) un treaffe beim Spaziergang eam Feald e hübsch Fraa, däi aach ean der Oart spaziern git, dann kenne mer durchaus Kontakt ofneamme, eandem mer so dou, wäi wann mer eus verlaafe härre, un se nooch'm Wäg freeje. Git dann des Links-rächts-Chaos lus, of doas mir ean dem Fall joa virbereit sei, dann misse mer nur so dou, wäi wann mer säi genaa verstieh deere. Mir gucke also interessiert un grinse freundlich, of kaan Fall hearn mir oawwer wirklich zou, sondern oachte nur – wäi mir doas owe schun erkliert hu – of des ›ganz ugefiehre Winke vo Weirem met irgendaam Lappe‹.

Antworte kenne mir of doas, woas säi dann verzehlt sealbstverständlich aach nur ganz uspezifisch, eandem mer z.B. saa: »Doas eas doch do, wu der Wäg so erimgit«, während mir dobei met de Haand däi immer gleiche halbkraasförmiche Booche ean de Loft noochmache, däi mir schun kenne. Dann feuhlt sich so e Fraa sofort verstanne un git dovo aus, deass se met eus en Mann vir sich hot, der so verstännich eas, wäi doas sonst nur Weibsleut sei. Mir kenne dann aach noch, im e bessche woas se schwätze, saa: »Doas hätt se prima erkliert, mir wesste dann schun, wäi's weirergeng un keeme etz allaa serächt« usw. Oawwer mir saa nooch weiblicher Denkungsoart: »Do wirn doch dann manchmol aach Leut of'm Äcker, däi kennte mir joa, fier den Fall, deass mer wearre woas vergeasse härre, noch emol freeje.« Haaptsach, mir bleiwe dobei eam Ugefiehre un basse wäi en Schäißhond oacht, deass mer neat zoufällich sealbst die Wearter ›links‹ oawwer ›rächts‹ benotze. Woas goar neat afach eas, wann's im irgendwelche Wägbeschreiwunge git.

Weibsleut, däi mir eam Ogesicht vo dem Links-rächts-Problem ean der Oart behannele, feuhle sich all sofort ean er ganz außergewöhnlich Weis verstanne un ofgehowe. Mir hu se domet direkt fier eus eangenomme. Wann säi dann z.B. e Kellnerin ean er Eisdiel eas, dann freegt se eus, ob mer noch en Cappuccino wellte, der wir haut eam Angebot un ganz prima, un verzehlt aach noch bereitwillich, deass se etz nur noch e halb Stonn earwe muss, weil se noch eam OBI woas besorje will. Dann kenne mer saa: »Aah! Gout, deass de doas sähst, doas härr aech beinoh vergeasse, do muss aech aach noch hie. Wann de willst, kenne mer joa sesome foahrn ...« usw.

Der geniale praktische Trick, goar neat zousehearn, helft übrigens neat nur, wann mir met dem weibliche Links-rächts-Missbrauch konfrontiert sei. Aach ean annern Bereiche riskiern mir joa, durch Missverständnisse of e Oabstellglaas se gerore, sobaald mir ofmerksam of doas Oacht geawwe, woas Weibsleut verbal ausdrecke. Mir Männer denke z.B. üblicherweise, wann e Fraa säht, se deet doas un doas ganz toll feanne oawwer jenes prima, dann deet se aach eus ganz toll oawwer prima feanne, wann mir groad doas un doas hu oawwer jenes mache. Deshalb versuche mir ean so Situatione fast immer, eus entsprechend se verhale oawwer entsprechend se sei, un mache domet en schwiere Fehler, der wearre of ›däi aalt Falk‹ enausläft, däi gout getarnt of eusem Wäg stit.

Weibsleut wolle zwar, deass mir ihne jeden Wunsch vo de Aache oablease, joa. Oawwer neat vom Mund. Se wolle neat, deass mir gleich spreange, wann se vo ihre Wünsche verzehle, jedenfalls neat wirklich. Deroartiche Verlautbarunge sei letztlich ganauso bedeutungslos, wäi die Wearter ›links‹ un ›rächts‹. Aach häi sei neat die Wearter un Begreaffe ean ihre Äußerunge wichtich, vielmieh soll eus wearre der ippiche emotionale Phantasierschmoacht zwischedreann erreiche. Doas ganze fei gesponnene Märchezeuch, woas beim Schwätze ean ihre Aache ofleucht un mieh o verwinkelte weiße Schlösschen erinnert, wäi o zeitgemäße Bedürfnisse. Mir Männer solle eigentlich nur merke, deass mer e Prinzessin vir eus hu, däi sich ganz viel wünsche kann, wäi sich doas fier e richtich Prinzessin geheart. – Sonst naut. Der verbale Begleittext dozou eas eansoweit neat nur hohl un wirklich neawesächlich, e führt sogoar direkt ean e Sackgass. Wann mir dodroff ereanfalle, wann mir versuche, eus dienstfeardich eanseschleime, erweise mir eus nur als Lakaie. Un met dene gieh Prinzessinne bekanntlich niemols eans Bett.

Während se also vo ihre Wünsche phantasiern, hearn mir de best afach weg. Vo dem, woas se wirklich realisiern wolle, schwätze Weibsleut mierschtens neat viel. So wäi se z.B. gern owendelang met Softies (Lakaie) verzehle – eawwer Gleichberechtichung un annern lilane Verhältnisse –, sich oawwer dann, wann's Zeit werd eans Bett se gieh, läiwer vo neaweo (sosesaa eam Vorbeigieh) doch wearre en Macho metneamme. Wann mir eus demnooch neat nur woas verzehle losse un eus dann z.B. sinnlos eam ›Breckebau‹ oabschufte wolle, misse mer weghearn un eus im eus ajene Interesse kimmern kenne. – So viel dozou.

Es eas doch wirklich erstaunlich, zou welche Eansichte mir gelange kenne, wann mer endlich emol versuche, ausschließlich of de Grondloach vo euser männlich Weltsicht die

177

Verhältnisse zwische de Geschlechter se sortiern. Sobaald mir eus of eus sealbst verlosse un emol autonom durch euse ajene Brell gucke, werd sich möglicherweise noch vieles – wäi ganz vo sealbst – fier euse Aache entwirre.

Onnerim

Mir hu eus mittlerweile unbemerkt schun wearre dem haaße Zentrum vom Geschlechterzores ogenähert un wolle eus deshalb noch emol besonnersch gründlich vergeweartiche, woas mir ean de erschte Kapitel diesbezüglich gelearnt hu. Wann mir häi tatsächlich den Kernbereich vir eus hu, den mir vermute, dann wern mir gout dro dou, etz besonnersch virsichtich se sei.

Des Sexualleawe beherrsche die Weibsleut völlich souverän un doas gelt uhne Eanschränkunge aach fier langjährige Eheverhältnisse, wann's z.B. drim git, irgendwäi partnerschaftlich de offiziell legitimierte Sexualverkiehr se genäiße. Se hu eus domet völlich om Gängelband un betroachte ihr Herrschaft als eabbes, woas ihne die Natur – eam wörliche Sinn – ean de Schuß geschmeasse hot. Un se wache misstrauisch eawwer ihrm Herrschaftsbereich un stelle sich domm, wann mersche dodroff oschwätzt. Se dou dann so, wäi wann se eawwerhaapt neat wesste, wudrim's git.

Woas mir dodraus learne misse, lesst sich eam Gruße un Ganze ean zwo wesentliche Feststellunge sesomefasse: Erschtens kenne mir Männer eam Bezug of doas zentrale Interesse eus Kräfte neat optimal eansetze, wann mir of eus übliche Rollemoster fixiert bleiwe. Un zwaatens üwe Weibsleut ihr Virherrschaft ganz annerscht aus, wäi mir Männer gewöhnlich denke. Es lohnt sich, wann mer eus die Zeit neamme un doas emol noochenanner ogucke.

Aale Rollemoster
Möglicherweise eas ean euser männlich Natur fest verankert, deass mir glaawe, immer alles mache un manage se misse. Wann mir e schie Fraa seh, fier däi mer eus interessiern, dann eawwerleje mer joa quasi ganz automatisch, woas mer etz gescheit mache kenne, im met ihr eans Gespräch se komme, im ihr galant un hilfsbereit se erscheine usw. Dobei gieh mir wäi sealbstverständlich vo Prämisse aus, däi noch nie hinnerfreegt woarn sei: Mir neamme afach als gegeawwe o, deass anerseits euse Aktionismus fier sich genomme tatsächlich woas bewirkt un deass es annererseits goar kaa Alternative zou euser Macher- un Managerstrategie gebt, weil mir fest dovo eawwerzeucht sei, »wann mir naut mache deere, mächt's en annere un hätt eus domet doas interessant Weibssteck vir de Noas eweggeschnappt.«

So se denke, eas woahrscheinlich e Eawwerbleibsel aus de Steinzeit. Es stammt noch aus den Verhältnisse, ean dene mir of die Mammut-Joacht gieh musste, im neat se verhungern. Wann's fier euseraan domols Zeit woar, sich e Fraa se suche, dann dofft do kaa Gelejenheit ausgelosse, dann musst doas konsequent un erfolgreich oabgeweckelt wern. Of e Alternative se woarte, wir allaa schun weje de Bevölkerungsdichte sträflicher Leichtsinn geweast. Es goab joa neat wäi haut jeden Doag nau die Möglichkeit, ean en Meartzgerloare se gieh oawwer sich of er Geburtsdoagsfeier imsedou.

Allerdings eas die Steinzeit schun oarg lang vorbei, so deass mir eus eigentlich met der Frooch beschäftiche kennte, ob däi eawwerleabt Strategie neat dringend emol of ihr Tauglichkeit eawwerprüft wern misst. Jedenfalls, wann mir met euse Kräfte häi vernünftich haushale wolle. So weit komme mir oawwer gewöhnlich goar neat, weil eus Programm doas neat virsieht. Fier eus feuhlt sich ›onnerim‹ immer noch alles ganz un goar steinzeitlich o un deshalb hale mir instinktiv o den aale Praxismoster fest un towe eus bleandwütich oab. (Wudro übrigens besser wäi sonstwu oabselease eas, deass o der Theorie vom Homo sapiens irgendwoas neat ganz stimme kann.)

Fier eus Zwecke häi kenne mir doas Problem – praktisch geseh – ugefihr so verstieh, wäi bei de Fallschirmspreanger. Däi hu joa aach, wann se ean e poardausend Meter Hieh aus'm Fliecher hebbe, e Gefeuhl, wäi wann se fläije deere, obwähl se ganz genaa weasse, deass se met aam g (9,81 m/s≈) of ihrn Innergang zourase. Doas häßt also, eawwertraat of eus Verhältnisse, deass des Rollegefeuhl eus häi täuscht. Un met dem Weasse misse mir endlich aach praktisch woas ofange. So wäi en Fallschirmspreanger (eam krasse Gejesatz zou seim Gefeuhl) waaß, deass e neat fläit, un nur deshalb rächtzeirich die Reißlein zäiht, misse aach mir eusen Verstaand gebrauche, deffe (eam Gejesatz zou eusem Gefeuhl) neat d'm Joachtinstinkt noochgeawwe, sondern sellte die Weibsleut endlich emol mache losse.

Der Vergleich hinkt zwar e bessche, weil der Fallschirmspreanger joa geje sei Gefeuhl aktiv wern muss, während mir geje eus Gefeuhl groad passiv bleiwe misse. Er führt eus allerdings besonnersch deutlich fier Aache, woas bassiert, wann mir Männer neat of euse Verstaand hearn un lediglich dem Gefeuhl noochgieh, noch e bessche weirer fläije se kenne – oawwer noochjoachte se misse: Mir wern (mieh oawwer winger drastisch) o de Realität scheitern.

Wann mir eus eansoweit etz wearre o die bewährt Grille-Taktik erinnern, hu mir e prima Alternative zou eusem typische Joachtverhale vir Aache. Woarim sellte mir eus dann neat emol locker serecklehne un die Weibsleut ganz entspannt komme losse? – Däi mache doas schun. Mir sealbst misse lediglich droff oachte, deass mir ihne dobei neat unierich eam Wäg erimstieh. Un wann mer ubedingt sealbst woas mache misse, dann kenne mer joa ganz beiläufich dofier sorje, deass die Bedingunge stimme, inner dene säi ihrn Job optimal mache kenne.

Also gucke mer eus doch emol ean de Praxis o, wäi doas gieh kann. Als junger Dokter z.B. (ogenomme, mir wirn noch ledich un deere als noch die Richtich suche) deffe mer, wann mer so e hübsch Fraache als Patientin vir eus hu, neat interessiert o der erimknuspern un irgendwoas manage wolle.

Aach neat gedanklich, doas kreecht däi nämlich ganz geweass spetz. Nadierlich deffe mir eus aach wearre neat so verhale, wäi wann mer e Kouh oawwer e Huwwelbank vir eus härre. Mir misse schun sozialkompetent met ihr imgieh un durchaus freundlich sei, dobei allerdings jed Zougeständnis o euse primäre Impuls innerdrecke. Osatzweis kenne mer vielleicht so dou, wäi wann mer ean Richtung Sexualreize e bessche oabwesend oawwer innerentwickelt wirn, domet stimuliern mer nämlich ihr ajene Interesse ean dem Bereich, weil säi dann gern weasse will, wu se met eus dro eas oawwer ob vielleicht ihr Wirkung of Männer schun irgendwäi noochgelosse hot. (E absolut Horrorvirstellung fier jed Weibsmensch).

Wann mir merke, deass säi of eus scheinboar sexuell Oabwesenheit irgendwäi ospringt un die erschte Ozaeche vo ihrm typisch weibliche ›Lock- un Bleuhprogramm‹ erkenne lesst, dou mir oawwer weirer medizinisch verdäift un losse eus durch ihr verschaamte Seireblicke neat vom Wäg oabbrenge, schwätze weirer oarg manierlich, wirke noochdenklich un fachlich engagiert. Ansonsten deffe mersche nadierlich aach e bessche bedauern un eawwerhaapt fier alles Verständnis zeiche. Of jeden Fall oawwer schreiwe mer großzügich Massage of, so, wäi wann die Kosteseit fier eus eawwerhaapt kaa Bedeutung hätt, stolpern dobei äier beiläufich eawwer ihr Geburtsdatum un losse eawwerrascht falle (met em ganz noochdenkliche Gesichtsausdruck, wäi wann mer denke kennt, doas wir e Indiz fier e ganz selten un gefiehrlich Krankheit, vo der mer neulich erscht ean er Fachzeitschrift gelease härre), dεass mersche tier deutlich jinger gehale härre usw. Dann kann sich so e Weibsmensch eigentlich nur noch besser feuhle, woas sogoar die Erfolgsaussichte fier jed beliebich Therapie vo euser Seit bawarisch steigert. Se werd sich dann schun droff freue, deass se, wann se »vielleicht woahrscheinlich« en Reckfall krit, wearre zou eus ean die Spreachstonn komme deaff.

Oawwer aach wann se dann annerthalb Woche später des nächste Mol eam Woartezimmer setzt, misse mir geschlechtlich noch e bessche oabwesend wirke. Of jeden Fall bleiwe mir diesbezüglich passiv un schreiwe dofier noch emol Massage of. Entweder des Standardprogramm – met Fango un so – oawwer jed anner Oart vo Gestreichel un Gekriwwel (Fouß-Reflexzone usw.), fier doas se sich erkennboar interessiert. Dann eas alles klar, dann eas der weibliche Pauschalverdoacht, deass mir säi vo Ofang o doch nur erimkrieje wollte, ausreichend ean alle Weandrichtunge verstraat. Etz mächt säi de Rest schun ganz allaa un verzehlt eus z.B. beiläufich, wäi gern se emol eans Kino geng, weje dem tolle naue Film, wann se nur imetz hätt, der metgeng usw. Bildlich geschwätzt lesst se also die Zugbrücke vo ihrer Trutzburg eroab un mir brauche nur noch ganz kommod un souverän ean die Burg eneannsereire un kenne met em Willkommenstrunk reachene.

Wann mirsche of däi Oart fier eus gewonne hu un es eas die Richtich, dann deffe mer eawwer festere Verhältnisse noochdenke; un wann neat, dann eas ihr Begeisterung fier eus joa gleichwähl wirksam un werd sich als irgendwäi nützlich erweise. Ihre Freundinne un Bekannte werd se of jeden Fall vo »ihrm Dokter« virschwärme, un freuher oawwer speeter setze däi dann all emol bei eus ean de Praxis. Wu Dawwe sei, fläije aach Dawwe hie. So afach eas doas. Mir betroachte die Entwicklung jedenfalls ganz entspannt, losse alles of eus zou woase un genäiße de Grillesommer.

Woas mir häi groad eawwer die passiv Eroberungstecknik als Ganzes gelearnt hu, gelt aach fier alle Anzelaspekte, däi dezougehearn. Also aach fier e bestimmt Oart, Weibsleut osegucke. Mir deffe e Fraa, fier däi mir eus interessiern, neat wäi en Bulldog (aner vo den aale, klennere, dene die Scheinwerfer wäi Stilaache links un rächts vo de Kühlerhaub oabstieh) oglotze. Erscht rächt dann neat, wann säi eus deroart begeistert un metreißt, deass mer so woas wäi en Tunnelblick krieje. So kann mer nooch er fresch gegrillt Haxe gucke, wann mer groad en mordsmäßiche Hunger hot. Nooch em schiene, knusperiche Steck, woas sich noch of'm Grill dreht un groad of die Minut optimal durch eas. Met Sauerkraut un em Steck fresche Bauernbrut eawwer de ganze Läb. Wubei dann noch en Klecks Merredich, der neat zou schoarb sei deaff, irgendwäi en besonnere Peaff hot, sosesaa de richtiche Kick gebt: Wann die Krost knusperich zwische de Zieh noochgebt un ihr Aroma verstömt, während de Merredich keuhl durch die Noas streicht, wäi wann mer o em kaale Jannewoardoag ean de woarm Stubb e Feanster ofgemoacht un emol richtich däif Loft gescheppt hätt. En Geschmack, ean dem de Charakter vom fresche Bauernbrut harmonisch ofgit wäi die Melch eam Kaffi.

Bei aller Eawwerzeugungskraft, däi so e Mohlzeit uhne Zweifel hot, oawwer so will nadierlich kaa Fraa ogeguckt wern. Doas deaff eus ean euser Begeisterung nie innerlaafe. Mir misse deshalb e Problembewusstsei entwickele, eandem mer e Virstellung dovo geweanne, wäi so e umanierlich Oglotze aussieht un wirkt. Wann mir z.B. bei imetz of e Grillparty eangeloare sei un hu e wink zou lang virher naut zou eus genomme, weil mir joa wusste, dass es reichlich un gout se easse geawwe werd, dann kann's bassiern, dass mir zoufällich om Grill vorbeikomme un (wäi mir sealbst den Eandruck hu) nur emol ganz kurz un äier beiläufich nooch de Haxe oawwer de Hähnchenschenkel gucke. Ganz eam Gejesatz zou euser ajen Eanschätzung eas die Woahrscheinlichkeit oawwer ean so em Fall relativ huk (aach wann mir doas sealbst geweass fier unmöglich hale), dass jeder annere metkrit, woas lus eas. Deass mir nämlich en zimliche Schmoacht of die Haxe hu un deass mir eus nur met Meuh noch eawwer woas annersch innerhale kenne. Möglicherweise wern die annern Leut Beklemmunge krieje, zwische eus un dem Grill durchsegieh.

Mittelhessische Männer sei all noch steinzeitlich droff programmiert, so se gucke, wann se of Brautschau sei un dobei urplötzlich of e Weibssteck treaffe, woas ihne buchstäblich de Verstaand raubt. (Schun als klaane Schulbuwwe traa mir joa eus Seelezoustenn eam Gesicht spaziern. Woas häi nadierlich e verheerend Wirkung hot.) So e Fraa feuhlt sich dann sofort wäi e Haxe oawwer wäi en Hähnchenschenkel un krit Panik. Wäi jeder annere merkt säi nadierlich aach, deass mir eus kaum noch kontrolliern kenne un freegt sich, woarim sich neat endlich emol aner dezwische stellt – also zwische eus un de Grill. Se werd sich dann nooch em mögliche Fluchtwäje imgucke un wann se kaan find, versucht se eus se ignoriern, ean der Hoffnung, deass mir wenigstens doas merke. Woas nadierlich fier eus ean so em innere Ausnohmezoustand – ean den mir Mittelhesse Gott sei Dank nur oarg selten gerore – so gout wäi unmöglich eas. Wann mer eus dann geje des Baa treare deet, wirsch woahrscheinlich schwier fier eus se begreife, woas doas soll. Es wir aach neat demet se reachene, deass Blout keem, wann mer eus osteache deet. Eusem Hormonhaushalt sei mir Männer joa doch völlich ausgeliwwert, oawwer doas eas wearre e ajen Thema.

Ims kurz un knapp sesomesefasse: Wann mir woas met er interessant Fraa se dou krieje wolle, misse mer bei eus sealbst innerbeanne, deass mer Stilaache mache, wäi wann mersche hypnotisiern wellte. Eus aalt Rollemoster treibt eus sonst zielsicher ean e unmöglich Situation, ean der mir sealbst of Helf un Rotschläg vo auße ogewiese sei.

Wäi verhale mer eus oawwer richtich? Mir kenne joa neat afach nur nix mache. Aach wann mer sich passiv verhält, verhält mer sich joa doch irgendwäi.

Die best Wirkung erreiche mir, eandem mer so dou, wäi wann mer völlich desinteressiert wirn. Domet schloo mer nämlich zwo Flieje met aner Klapp. Wann mir eus beneamme, wäi wann mersche goar neat geseh härre, hu mer eam sealwe Moment eus aalt Rollemoster verlosse, woas erscht emol des Wichtichste eas. Gleichzeirich hu mir oawwer en hukwirksame Köder ausgewoarfe, weil nix fier Weibsleut interessanter eas, wäi desinteressierte Kearle. Type also, däi sich scheinboar sealbst genunk sei un vir sich hie ihrn ajene Stiwwel mache. Doas will mer als Mann erscht emol so goar neat glaawe, es eas oawwer tatsächlich wohr. Un wann mir lang genunk hiegucke, dann kenne mer sogoar die systemimmanent Logik ausmache, däi eansoweit durch die weibliche Gefeuhlswelte vagabundiert. Weibsleut sei nämlich ean gewisser Weis vo ihrer Natur her so ausgelegt wäi die Blomme (saa mer emol, wäi die Sumpfdotterblomme of de

Wiss), un mir Männer sei ean dem bildhafte Beispill die dozou bassende Bie. Un woas mache se, wann se do all minaa of de Wiss erimstieh, dicht bei dicht, un jed Anzel will, deass die Bie all zou ihr komme solle? Se misse nadierlich gemeinschaftlich so dou, wäi wann se dodro goar neat interessiert wirn, weils joa viel se schmerzlich wir, wann die erscht Bie o aam sealbst vorbeifläije deet, direkt bei die Noochbersche of de Dotter. Doas deet zwangsläufich däi aalt Frooch ofwearfe, däi schun allaa vo ihrm Potenzial her ean jeder Fraa e Trauma auslöse kann: ›Woas hot däi, woas aech neat hu?‹

Aus dem Grond also verdränge se doas Problem kollektiv un dou all irgendwäi so, wäi wann däi ganz Gesellschaft of de Wiss met Konkurrenz un Rivalität goar naut se dou hätt. Außerdem spillt ean dem Theater e gehörich Portion Zweckpessimismus met: »Zou eus kimmt joa sowäiso kaaner. Wer soll zou eus schun komme?«, weil so e Eanstellung nadierlich anerseits helft, die Enttäuschung klaa se hale, wann tatsächlich kaaner kimmt, un annererseits de Jubel imso grisser ausfalle kann, wann aner vo eus säi dann doch ganz persönlich aus alle annern erausgesucht hot. – Se strecke sich de ganze Doag, dehne sich nooch alle Seire un gucke sich (hamlich) im nooch eus Bie un saa: »Woas eas doas doch wearre e gout Loft haut un wäi schie die Sonn scheint. Joajoajoa.« Un wann mir ean dem Moment vo links ogefleh keeme, dann deere se zwar de Dotter ean eus Richtung drehe, härre oawwer – ganz unoffällich – gleichzeirich e belanglos Schwätzche met de Noochbersche ogefange. Wäi wann se eus goar neat geseh hätte un met woas annerm beschäfticht wirn.

Fläije mir etz ihrn Dotter strack un umissverständlich o, dann dou se erschreckt un saa so woas wai: »Huch, läiwer Mann, säi hu maech vielleicht erschreckt. Wu wolle säi dann hie?« E durchaus verräterisch Bemerkung (maech »vielleicht« erschreckt …), weil se nadierlich heilfruh eawwer die Tatsach sei, deass sich häi aner so ungestüm un völlich strack fier säi persönlich interessiert. Woas allerdings noch goar nix dodreawwer aussäht, oab doas met de Bestäuwerei woas werd. (Mir erinnern eus o die weiblich Virstellung, »des schienste om Seiresprung wir de Olaaf«.) Deshalb misse mir eus etz domm stelle un met em Hundeblick o des »Mama-Moster« appelliern eandem mer saa: »Ei, ääh – nooch Dingeldangel!«. Dann kann's sei, deass säi eus zwar belihrt: »No, do fläit mer doch neat meatte durch die Leut«, dobei oawwer stellhält, deass mir eus Besumselung mache kenne. Woahrscheinlicher eas allerdings, deass doas so neat funktioniert.

Eawwertraat of die menschlich Situation häßt doas, wann mir e Fraa strack ostiern, dann wirkt doas ugefiehr so, wäi wann e dick, unrasiert Berserker-Hummel met vollem Karacho ogefleh keem, sich vo Weirem schun rüpelhaft des Maul leacke un stilaachich of de Dotter glotze deet, so, wäi wann mer erwoarte misst, deass se sich recksichtslus eneanstearze, alles verweuste, oabkaue un vertrampele werd, sodeass se – wann se feardich wir un sich wearre fortmächt – geweass e richtich Schloachtfeald hinnerlosse deet. Fier Weibsleut eas so woas also e richtich Bedrohung oawwer sogoar en Albtraam, un of kaan Fall interpretiern se doas, wäi manche vo euse Geschlechtsgenosse vielleicht denke, als en Hinweis dodroff, deass vielverspreachende Begattungsfeste bevirstieh kennte.

Wann mir allerdings erscht emol ganz lässich un locker vorbeifläije un eus etz sealbst fier die Loft un des Wearrer se interessiern scheine, dann saa se zou de Noochbersche: »Haste den tolle Brommer geseh? Oaach, wann eus doch nur aach emol so aner gefleh keem.« Un wann mir dann wäi zoufällich sereckkomme un e bessche so dou, wäi wann mer eus verfleh härre, dann wern se eus ihrn Landeplatz hiehale un met em klaane rure Debbich zou de Besumselung eanloare. – So eas die Welt.

Weibsleut reagiern aach (bes of däi Ausnohme, däi als unvermeidlicher Prozentsatz o schwoarze Schoof immer un eawwerall debei sei) durchgängich empört of alle verbale Entgleisunge »onnerim«, däi ean manche oabgelejene mittelhessische Bergregione noch als fester Bestanddaal vo de Brautwerbung ofgefasst wern. Un deshalb sei ozügliche Sprüch, wäi mersche vo alkoholschwangere Stammdeschrunde kennt, des Letzte, woas mir eus erlawe deffe. Däi typisch rhetorische Frooche z.b., däi irgendaam aus de Runde nochgeruffe wern, der ofs Klo git: Ob he sei ›Lamedierstäbche schüttele‹ oawwer die ›Koardoffel oabscherre‹ oawwer die ›Anakonda schwenke‹ wellt usw. Woas ean reine Männerrunde durchaus locker durchgewunke wern kann, eas, wann Weibsleut neaweo methearn kenne, oawwer sogoar met om Desch setze, ganz klar tabu. Zou so woas deffe mir eus aach neat eam besoffene Kopp hiereiße losse. – Ganz eam Gejedaal misse mir eus sogoar, wann Weibsleut aach nur vo Weirem methearn kenne, virausschauend drim bemeuhe, deass mir neat ean den Verdoacht gerore, zou dene schwoarze Schoof se gehearn, däi's nadierlich ean eusem Geschlecht aach gebt. Un doas häßt, deass mir eigentlich grondsätzlich jeden Sproochgebrauch vermeire misse, der sexuell irgendwäi missverstanne wern kennt. Besonnersch ällere Weibsleut kenne häi oft neat viel oab un zou dou. Es git dann vielleicht groad noch so durch, deass jingere Männer zou ihrer Freundin z.B. ›Musch‹ oawwer ›Maus‹ saa. Jedenfalls giewiehne sich die mierschte met de Zeit noch o so woas. Wann mir eus oawwer dann irgendwann met em Noochber vir de Dier eawwer dem sei Probleme me'm Computerzoubehör innerhale un saa ean em dozou durchaus ogemeassene Ton, »he sellt sich doch emol e nau Maus besorje, met so em aale Denk kennt he kaan Stoat mieh mache«, dann kann doas ernsthafte Konsequenze hu, däi neat wearre goutsemache sei. Bei der Fraa, däi doas beiläufich metkrit, sei mir woahrscheinlich a vir alle Mol onne durch. Woas immer mir dozou speeter erkliern kennte, se deet eus nix dovo glaawe.

Domet sei mer o de richtich Stell, im met dem Thema ›Rollemuster‹ oabseschläiße, weil mir häi unbemerkt schun en Eawwergang zou der zwot wichtich Feststellung gefonne hu, der mir eus noch zouwenne wollte: Deass Weibsleut nämlich die Sexualhoheit ganz annerscht ausüwe, wäi mir Männer eus doas gewöhnlich virstelle.

Ginante Herrschafte

Es eas zwar schun so, deass Weibsleut grondsätzlich e bessche ginant sei. Wann mir Männer oawwer die nieriche Bedingunge beraatstelle un se domet geschickt e Steck of de richtiche Wäg laare kenne, domet se sich sosesaa vo sich aus erotisch entfalte wolle, dann verfüche se weit vollstännicher un hemmungsloser eawwer ihrn Sex wäi mir sealbst. Es verstit sich nadierlich vo sealbst (un niemols sellte mir Männer die Festichkeit vo eusem Charakter eansoweit ean Zweifel zäihe losse), deass mir eus diesbezüglich häi neat zou den Anzelheite äußern kenne, of däi etz jeder spekeliert. Nur so viel deffe mer saa: Wann die Rohmebedingunge stimme, wann de nieriche ›Schutzraum‹ fier säi jederzeit beratstit, un mir se neat bedränge, dann eawwerrasche eus die Weibsleut (irgendwann, inner Imstenn sogoar rächt plötzlich) met all dem, wuvo mir Männer sonst bluß traame. Se bedäine dann schloagoartich alle Register, verfüche eawwer die hiekste Hiehe, ean dene mir kaum noch Orem scheppe kenne, un die däifste Ozeangroawe, ean dene Riesekrake hause. – Es eas Wahnsinn!

Aach ean ganz normale mittelhessische Ehe kimmt's dann uverhofft vir, deass nooch em gewöhnliche Fernsehowend, wann he freegt, ob se eans Bett gieh wolle, säi of amol säht: »Gout. Aech gieh noch schneall die Zieh botze. Mir treaffe eus dann gleich ean de Arena. Kannst dich schun emol rüste.« Urplötzlich sei se dann met ihrm volle Triebpotential do (obwähl mer en sonst alles noochtraa muss) un stearze eus aus'm Stand ean e sinnlich Raserei, deass mir Kearle eus freeje, met wem mir do eigentlich verheuraot sei.

Es eas also anerseits so, deass sich des Sexualleawe nur inner eusem fürsorgliche un beständiche Pflegeprogramm eawwerhaapt richtich entwickelt un irgendwäi zougänglich werd. Nur wann mir – im noch emol e Bild se gebrauche – eus Auto eam Schuss hale, Inspektione mache, bein TÜV foahrn un immer vollgetankt hu, kann aach irgendwann die Foahrt unvermittelt un rasant lusgieh.

Eam Verhältnis zou dem Motor allerdings, vo dem dann

die Beschleunichung un die rauschhaft Hiekstgeschwindichkeit vo euser Foahrt oabhängich eas, kenne mir Männer eus sealbst realistischerweise nur noch als Olosser begreife. Doas es die anner Seit. Wann sich emol die ganz Power freimächt, wann sich die weibliche Schleuse offdou, dann eawwerflute se eus rejelrächt met ihrer Lost. Mir misste eigentlich saa ›Wollost‹, wann's doas Woart eam Platt dann geeb. Richtiche Tsunamis vo Hemmungslosichkeit fäje eus dann afach met sich fort un wann se met ihrer entfesselt Triebwucht letztlich eawwer eus eweggetobt sei un mir (ugefiehr so wäi Robinson) halb oawwer ganz bewusstlos om Strand leije, dann weasse mer, wäi ohnmächtich mir gejeeawwer so er Naturgewaalt sei. Doas eas es, woas Männer ihrn Verstaand un ihrn Charakter afach entreiße kann. Doas eas es, wumet die Eva de Adam erimgekrit hot. Un wufier der sich jederzeit wearre aus dem Paradies fortjaa losse deet. – Jederzeit un stante pede!

Mir misse allerdings zou euser Frooch sereck, wäi Weibsleut ihr Virherrschaft »onnerim« praktisch ausüwe. Dodroff wern mir Männer joa üblicherweise selten oawwer goar neat ofmerksam.

Se mache doas erschtens dodurch (sosesaa passiv, aus ihrm Dünkel eraus), deass se sich kategorisch weigern, eus männliche Virstellunge dozou aach nur osatzweis eawwerhaapt se diskutiern. Mir Männer wolle joa immer alles plane, mache un manage, woas nadierlich aach fier die Verhältnisse ›onnerim‹ gelt. Mir denke z.B.: ›Haut owend misst eigentlich woas laafe, weil Mettwoch eas; muain deet's gout basse, weil mir e Stonn freuher vo de Earwed haamkomme; speetestens alle drei Doag kennt's amol richtich cawwer Desch un Bänk gieh, weil mer denooch dann immer so schie feardich un entspannt eas‹ usw. Weibsleut weigern sich oawwer strikt, des Sexualleawe inner em – mir wolle emol saa – planerische oawwer sportliche Aspekt se betroachte.

Es mächt also inner dene Imstenn grondsätzlich kaan Sinn, se zou rejelmäßiche Leibesüwunge beschwätze se wolle. Mir kenne allerdings gleichwähl woas ean eusem Sinn beweje, wann mer doas gewitzt ofange un se dovo eawwerzeuche, deass solche Üwunge ganz ean ihrm urajenste Interesse leije. Vernünftige Argumente dofier gebt's joa tatsächlich mieh wäi genunk. Fier eus kimmt's also lediglich droff o, aus den viele goure Gründe däijeniche eraussefiltern, däi fier säi en besonnere, en geschlechtsspezifische Oreiz hu. Un woas eansoweit mierschtens eawwerzeuche kann, eas die Tatsach, deass so e rejelmäßich Gehoppel de Kaloriejeverbrauch definitiv enorm ean die Hieh treibt. Figurmäßich eas doas also of jeden Fall e Argument, dem sich die Wingste (weje de Schaltstell ›Konkurrenz‹) total verweigern kenne. Es helft aach manchmol schun, wann mer verzehle, mir härre irgendwu gelease oawwer es wir en Bericht eam Fernseh geweast, deass rejelmäßiche Ehestandsbewejunge unheimich gout fier des weibliche Beckenbodensystem wirn. Außerdem wir doas ean de Krebsprophylaxe genauso wirksam, wäi fier die ganz Durchblutung; mer deet sich tantramäßich (es deaff sich rouhich im esoterische Hokuspokus hannele) besser entspanne, un die Energieje kennte eam ganze Körper besser fläiße; Faale hätt mer winger om Hals, die Feangernäl deere neat so leicht oabbreache, es wir gout geje Orangehaut usw.

Doas kann allerdings (wäi mir joa groad geheart hu) nur dann funktioniern, wann mir die entsprechende Informatione ausschließlich indirekt oabgeawwe oawwer se scheinbar zoufällich straa. Zoum neuschieriche Methearn vo Weirem. Wann se metkreechte, deass männliche Virstellunge dehinner stecke, wir alles sofort vom Desch. Deshalb verzehle mir z.B. ganz beiläufich de Noochbersche woas oawwer de Schweecherin, während säi irgendwu ean de Neh eas un alles met ohearn kann. Mengt se sich dann, met e bessche Empörung ean de Steamm, ean un säht: »Ei, dovo host du mir joa goar naut verzehlt«, läft alles gout. Mir misse dann nur noch so woas Irritiertes saa, wäi z.B.: »Ei, hast du neat debei geseasse, wäi doas neulich eam Fernseh kom – noja, so wichtich eas doas joa neat...«, domet se e bessche oabgelenkt eas. Doas scheckt dann mierschtens schun. Ihr Bereitschaft zou rejelmäßiche Aktivitäte – oawwer aach zou amouröse

Zwischespillchen meatte ean de Hausearwed – werd oab dem Moment jedenfalls deutlich verbessert sei.

Weibsleut üwe ihr Lufthoheit oawwer aach noch of e aktiv Oart aus un aach däi entgit eus Männer normalerweis. Se gucke nämlich schun aach ständich nooch eus (wäi mir doas bei de Sumpfdotterblomme joa entdecke konnte). Dobei sei se allerdings viel raffinierter wäi mir. Bei jeder Gefohr, deass ihr Blick entdeckt wern kennt, hu se schun wearre ean en annern Wäg geguckt un dou oabwesend. Se misse so woas wäi e Freuhwarnsystem eangebaut hu, woas afach bedeutend schneallar eas, wäi eus männliche Reflexe.

Wann mir z.B. als Junggesell bei em Italiener setze, weil mer e Pizza easse wolle, un o em annern Desch setzt e interessant Fraa, dann werd däi met de Guckerei immer schneallar sei, sodeass mir den Eandruck krieje, se hätt eus vielleicht noch goar neat geseh un mir misste eansoweit irgendwoas mache. (Immer wolle mir woas mache – immer.) Un neamme mer emol weirer o, die Chemie zwische eus zwaa deet stimme un säi deet eus genauso interessant feanne, wäi mir säi. Wann mir bei solche optimale Verhältnisse also emol en Test mache deere, eandem mir z.B. ganz eawwerraschend un schneall gucke deere, ob se guckt, dann kennte mir immer nur den Eandruck geweanne, se hätt eawwerhaapt neat geguckt. – Ha! Hot se oawwer doch, un zwar schun längst. Un se hot dobei woahrscheinlich schun viel mieh eawwer eus erausgefonne, wäi mir eawwer säi. So ugleich sei die Möglichkeite häi verdaalt.

Die Weibsleut sei also neat nur schneallar un gewitzter wäi mir, eandem se sich afach neat erwesche losse. Vielmieh gukke se aach noch ean er ganz anner Qualität, sodeass mer eansoweit 〉des Guckee〈 vo de Geschlechter, mir misse doas neidvoll oerkenne, eigentlich goar neat minaa vergleiche kann. Es eas ugefiehr so, wäi wann die Fixeste inner eus Männer A-Klass spille deere, während die Weibsleut all minaa die erscht Bundesliga bevölkert härre. (Do kenne mir dann ruck, zuck! schun emol o echte Weltmeisterinne gerore.)

Die däifer Ursach vo dem Qualitätsinnerschied eas, deass

Weibsleut o viele verschiedene Anzelaspekte interessiert sei, weil se sich domet en Informationsvirsprung sichern wolle, im jederzeit ean ihrm Hoheitsbereich die schneallere Entscheidunge treaffe un rächtzeirich vir eus alle Weiche stelle se kenne. Während mir Männer also ganz simpel of schiene Gesichter un sekundäre Geschlechtsmerkmale fixiert sei, gucke Weibsleut blitzschneall e ganz Raster durch: Ob eus Feangernäl sawer sei, ob des Hemb richtich gebiejelt eas, woas mir fier Schouh ohu, wäi mir frisiert sei, wäi mir easse un woas mir treanke, wäi eus Henn ausseh usw. Se gucke eus aach strack ean die Uhrn – uhne deass mir afältiche Kearle dovo woas mekreechte –, ob do en Schimmer vo Bernstaa se erkenne eas, un zwar blitzschneall, z.B. während mir ean de Weartschaft o em annern Desch setzte oawwer met eusem Eankaafswaa eam Aldi zügich o en vorbeilaafe. Met aam Wusch hu se eus oabgescannt un alle Anzelheite eam Kaste.

Zou eusem Verständnis misse mer häi met em Seiregedanke erwähne, wäi sich ihr ginant Natur dobei auswirkt. Se kenne sich ihr »Gucke« un däi Interesse, däi domet sesomehänge nämlich goar neat sealbst zougestieh. (Mir erinnern eus wearre o die Sumpfdotterblomme.) Eansoweit wihrn se doas sosesaa innerlich oab un verkompliziern den ganze Virgang dodurch erheblich. A Konsequenz aus der Verdrängung eas beispillsweis, deass mirsche of kaan Fall dodroff oschwätze kenne. Wann mir doas mächte un z.B. saa deere: »Hoste dann geseh, woas der Kellner fier en Knackarsch hot?«, dann misste se doas woahrscheinlich strack sereckweise: »Also, woas du oawwer aach fier e domm Zeuch schwätzt«, oawwer: »Also – aech muss mich doch wonnern, wu du all hieguckst!«, wumet se ean ihrer ajen, wisselflink Oart de Spieß erimgedreht un vo sich sealbst oabgelenkt härre.

Oawwer sereck zou eusem Haaptgedanke. Woas bedeut doas alles fier eus?

Nadierlich kenne mir Männer etz neat sinnvoll versuche, doas ganze weibliche Raster erscht se erfasse, im dann oschläißend dofier se sorje, deass bei em entsprechende Check immer alles ean Ordnung eas. Doas wir sogoar de grisste Fehler, den mer mache kennte. Zoum ane wirn mer diesbezüglich völlig eawwerfärret un zoum annern deere mir domet, wäi mer joa geseh hu, strackewägs of e Oabstellglaas rolle. – Außerdem wir dann aach bei ihre Inspektione kaum woas se feanne, o dem se sich met ihrm Pflegetrieb festmache kennte. Mir seh also deutlich, deass es fier eus nur drim gieh kann, die wesentliche Kontrollpunkte eraussefiltern, un eus of genau däi Standards se konzentriern, o dene entlang Weibsleut bestimme, wer vo eus Kearle neat of e Oabstellglaas fiehrt un bes zoum Zielbahnhob durchfoahrn deaff. Of däi Schlisselstelle misse mer eus konzentriern, alles annere kenne mer nooch bewährter aaler Machomanier afach ignoriern.

Wäi oawwer seh däi Standards aus? Aner eas nadierlich, deass mir immer sawer rasiert sei. Weibsleut seh's eus Männer z.B. nooch, wann mir eus neat jeden Doag die Hoorn wäsche, wann mer eus Innerhose nur jeden zwaate Doag wechsele usw., es werd dozou jedem genunk eanfalle. Bei all dem kenne Weibsleut Noochsicht üwe, neat oawwer, wann mir eus neat gescheit rasiern. Se denke dozou ugefiehr: ›Däi Kearle hu doch sonst naut se dou. Moejends e bessche Wasser eans Gesicht, un feardich sei se. Do kann mer sich doch wenigstens ostännich rasiern un brach neat doerimselaafe, wäi wann's met em Backstaa oabgewoarfe woarn wir. Woas solle dann die Leut saa? So woas fällt doch alles of die Fraa sereck. Es denkt doch niemetz: ›Wäi der do erimläft. Mer maant, e wir groad vom Waa gefalle.‹ Es häßt doch sofort: ›Etz guck doch nur emol, wäi däi den doerimlaafe leaat!‹ ‹

Rasiern eas also so en Standard, e Bedingung, uhne däi nix git. Die aale Römer hu doas schun e ›Conditio sine qua non‹ genennt, also eabbes, woas mer aus zwischegeschlechtliche Gemeinsamkeite neat ewegdenke kann, uhne deass es met de Gemeinsamkeit gleich vorbei wir. Deshalb woarn die mierschte vo dene immer schie gloat rasiert un eansoweit kenne aach mir eus häi naut erausneamme. Uhne den Standard feanne mir kaa Fraa – so lang, wäi mer noch a suche – un uhne bleibt däi, met der mer vielleicht schun lange Johrn verheuroat sei, möglicherweise neat ewich bei eus.

Wann mir eus dodreawwer enaus oawwer weirer imgucke, woas sonst noch alles ean der Oart standardmäßich vo eus erwoart werd, dout sich e ernsthaft Schwierichkeit vir euse Aache off. Mir misse feststelle, deass mer so gout wäi naut eawwer den fier eus so wichtiche Bereich weasse. – O e poar Negativdefinitione erinnern mir eus nadierlich noch: Deass mir eus neat ean dem weirer owe schun erwähnte Sandale-Turnhose-Outfit inner Leut seh losse. So woas git neat, sealbst wann mir prima rasiert sei. Neongeale Radlerhose sei aach so woas, wäi mir weasse, un Foußbettsandale, aus dene sich die sealbstgestreckte Strimb noch voarne erausbeule. Un vielleicht däi sonndoagse Rentnerschouh (se hu halt wirklich all en Schouhfimmel), Modell Senk-Spreiz-Fouß. Leisetrearer aus Kunstlearrer ean alle Grootöne, däi immer fresch gebotzt sei.

Viel mieh weasse mer allerdings neat. – Die Weibsleut erkliern sich dozou joa aach nie verbindlich, woas den Verdoacht nährt, deass se eus Männer häi ganz gezielt eam Ugeweasse hale wolle. Wann mer eus doas rächt eawwerleje, kennt eus Ahnungslosichkeit eansoweit sogoar a vo de wichtichste Grondloache sei, of dene ihr hoheitlicher Verschiewebahnhob funktioniert.

Mir stelle also verblüfft fest, deass mir gefiehrliche Wissenslücke hu, im däi mir eus dringend kimmern misse. Un domet eas groad wearre belegt, wäi wichtig es eas, deass mir eus innerenaa ausdausche un gejeseirich informiern. Wer doas nämlich neat mächt, wer neat learnt, sich o dene Standards ausserichte, der werd vielleicht eam Rohme vo irgendaam Erneuerungsprogramm durch die ›Owerbahndirektion‹ als Auslaafmodell eangestuft un kurzerhand ausgedauscht. Geje ans vo dene coole Standardmodelle, däi eawwerall erimlaafe.

Noch en klaane Hinweis om Rand: Fier all däi Geschlechtsgenosse, däi sich häi groad schun bei euser Betroachtung vo dene poar bekannte Standards neat ganz wähl gefeuhlt hu, un dozou tendiern, doas alles fier sich persönlich ganz annerscht se beurteile, wirsch etz vielleicht doch Zeit, emol o ihrm Klarerschrank vorbeisegieh, un die a oawwer anner aalt Garnitur Innerwäsch doch endlich aussesondern. Jedenfalls eas doas besser, wäi irgendwann sealbst ausgesondert se wern. – So woas misse mer eus dann gejeseirich schun aach saa.

Domet wolle mer oawwer aach doas heikele Thema ›Onnerim‹ oabschläiße un nur noch als Fazit fier eus festhale, deass doas weibliche Virurteil, ›Männer welle doch immer nur doas Ane‹, offensichtlich of ganz bewusste Fehldeutunge serecksefühm eas, däi oabsichtsvoll fier Herrschaftszwecke eangesetzt wern. Eandem mir eus nämlich o doas Beispill met de Dawwe sereckerinnern, erkenne mer ganz deutlich, woas lus eas. Während mir Männchen als un als dro sei, die Weibchen o die Nutwendichkeit vo dem ganze Sexzirkus se erinnern, hu ›Ihro Gnaden‹ mierschtens kaa Lost, sei scheinboar met woas annerm beschäfticht, hänge die Diva eraus, hale neat stell, setze sich so dewearscht irgendwu hie, deass mir neat drokomme usw.

Die Weibsleut interpretiern däi Verhältnisse deshalb so aseirich, weil se die wesentlichste Aspekte vo dem Treiwe bewusst innerschloo wolle, im domet ihr Machtpositione se festiche. Erschtens werd eus Männer of däi Oart ganz gezielt (wann aach verdeckt) eawwerlosse, die weibliche Interesse met se vertreare, un domet den ganze Lostloare sosesaa ean Schwung se hale. Zwaatens eas domet aach festgestellt, deass allaa mir Männer durch eus Beharrlichkeit fier die Bestandssicherung ean de Population sorje. Mir kimmern eus häi also im die elementarste gemeinsame Interesse. Un wann mer emol en Blick of die aktuell Bevölkerungsentwicklung werfe, kennt mer durchaus de Eandruck krieje, deass mir domet schun e lang Zeit völlich eawwerfärret sei.

Die Weibsleut mache sich schlicht kaa Gedanke drim, woas bassiern kennt, wann doas ganze evolutionäre Triebsystem sesomekrache deet un nie wearre of die Feuß keem. (»Dofier sorgt ihr Männer schun. Joajoajoa. Hahaha.«) Un erscht vir dem Hinnergrond erkenne mir des ganze Ausmoß vo Ugerechtichkeit ean dem hamliche weibliche

Herrschaftsapperoat. Während mir Männer aus elementarste Menschheitsinteresse aach emol e Weibsmensch, woas sich goar se oarg un verantwortungslus ziert, afach laafe losse misse, im dann halt met er interessiert Noochbersche die Betriebstemperatur ean de Bestandssicherung se erhale, wern mer dofier oabfällich behannelt un als instinktreduzierte Sexiste hiegestellt.

Met solche durchsichtiche Verdrehunge un entsprechende moralische Appelle o eus, däi mir domet als verdeckte weibliche Machtinstrumente entlarvt hu, wern mer eus ean Zukunft also goar naut mieh oabgeawwe. Domet hu se eus lang genunk erwescht.

IV. Alles ean allem

Demet weder eus Oabsichte zou dem Leitfoarrem häi, noch eus gewonnene Erkenntnisse ean er ganz bestimmt Oart missverstanne oawwer missbraucht wern, wolle mir om Schluss klarstelle, deass mir durchaus met de Weibsleut grondsätzlich eanverstanne sei. Of Applaus aus de falsche Ecke – heawwet wäi dreawwet – wolle mer also ausdrücklich verzichte. Mir weasse nur zou genaa, deass e Welt uhne Weibsleut fier eus letztlich goar neat virstellboar wir un deass mir deshalb, wann's hoart of hoart keem, joa doch immer bedingungslos o en festhale deere. Se sei zwar ihrer Natur nooch ganz un goar schwankend; es gebt oawwer schließlich kaa annern.

Däif ean eus dreann bestit also neat de geringste Zweifel, deass des Verhältnis zwische de Geschlechter vo eabbes Unverbrüchlichem gekennzaechend eas, woas vo baare Seire respektiert un hukgehale wern muss. Dodro wern mir eus sealbstverständlich hale.

Die Welt eas rond
SÄI: *(erkliert woas)* Ihr Männer denkt immer väiereckich. Deshalb eckt ihr domet aach ständich irgendwu o. – Mir Weibsleut denke rond. *(Mächt met dem Oarm e weit Bewejung im de ganze Kopp erim.)* Doas eas universal un git als weirer.
FR: Ja, genau so. Als eam Kraas. – Wäi of em Karussell.
SÄI: *(schnauft gekränkt aus)* Eangebildte Knearzkepp seid ihr – all minaa Ihr werd ach noch wonnern. Irgendwann eas wearre emol so en Tschernobyl-Bumms un dann sei mer all dut. Un dann ärjert ihr ach, deass ihr so zou eus geweast seid. Stimmt's?
ER: Geweass.

Un so sei mir met euse ajensinniche Ostrengunge ganz eawwerraschend ean er rächt versöhnlich Noochdenklichkeit ogelangt. Wann die Geschlechter anerseits bedingungslos un brutal ofenaa verwiese sei, sich annererseits oawwer immer wearre deroart fremd gejeeawwerstieh, dann misse mer die Mensche all minaa letztlich als ›Geworfene‹ begreife. Es kann joa schließlich kaaner woas fier däi Verhältnisse, ean däi e gestellt eas. Woahrscheinlich eas eansoweit aach jeder eawwerfärret un als Individuum dodreann sogoar e Steck weit met sich ganz allaa.

Allerdings raecht doas etz schun weit eawwer den Rohme enaus, den mer eus fier euse Leitfoarrem gesteckt harre, un mir wolle's deshalb häi gout sei losse. Sonst misste mer om Enn vo euse Betroachtunge feststelle, deass ›de Virhang zwar schun zou eas, alle Frooche oawwer wearre offe sei‹. Ganz praktisch geseh hot sich fier eus nämlich naut verännert. Es bleibt debei, deass mir Männer ean Zukunft mieh sesomehale misse.

Mir kenne eus schließlich neat alles gefalle losse!

Siegward Roth,

Jahrgang 1952, im mittelhessischen Hohensolms geboren, ist – bedingt durch das Hochdeutsch seiner Mutter – sozusagen zweisprachig aufgewachsen. Das ›Zweisprachige‹ begleitet ihn auch heute noch.

Seit über 20 Jahren schreibt Siegward Roth nun schon viele seiner Texte in heimischer Mundart. Mit seiner Gruppe ›Fäägmeel‹ war er lange Jahre als Botschafter des mittelhessischen Idioms unterwegs. Der ›Geschlechterzores‹ lässt nun erkennen, dass auch nach dem Ende des in der Region äußerst populären und beliebten Projekts ›Fäägmeel‹ die Mundart weiterhin ein wichtiger Bestandteil seines Schaffens bleibt.

Seit 1972 arbeitet Siegward Roth als Kriminalbeamter. Im Polizeipräsidium Mittelhessen in Gießen ist er heute als Jugendkoordinator tätig. Er lebt in einem mittelhessischen Ort.

Kriminalromane von MATTHIAS FISCHER

Die Farben des Zorns

Drei Ärzte sind bereits einem Serienkiller in Frankfurt, Gießen und Hanau zum Opfer gefallen, als ein Mord im Hexenturm in Gelnhausen entdeckt wird. LKA-Oberhauptkommissar Dr. Caspari versucht mit der Pfarrerin Clara Frank einen weiteren Mord zu verhindern. Der erste Krimi von Pfarrer Matthias Fischer, in den seine Erfahrungen als Notfall-Seelsorger eingeflossen sind.
340 Seiten, gebunden, 18,00 €, ISBN 978-3-936622-78-2

und RAINER WITT

Drogenmann

Im zweiten Kriminalroman von hr-Moderator Rainer Witt wird der junge Zollfahnder Tim Bender in einen Strudel unvorhergesehener Ereignisse gerissen.
Gemeinsam mit seinen Kollegen verfolgt er Spuren vom Frankfurter Flughafen durch Hessen über Berlin bis in die Dominikanische Republik. Ein Thriller mit viel Lokalkolorit über das organisierte Verbrechen am Frankfurter Flughafen.
356 Seiten, gebunden, 18,00 €, ISBN 978-3-936622-87-4

Kopfschuss

Nach dem Fund einer Frauenleiche kommt die Soko Menschenhändlern auf die Spur.
Ein spannender Kriminalroman indem Rainer Witt, mit viel Esprit, hessische Eigenarten berücksichtigt.
312 Seiten, gebunden., 17,00 €, ISBN 978-3-936622-53-9

Das kostenlose Verlagsprogramm mit weiteren hessischen Mundart-Büchern, Romanen, Fachbüchern sowie CD-Hörbüchern sendet gerne

Verlag M. Naumann
Brucknerstraße 1a 63452 Hanau
Telefon 06181 3007986 Telefax 06181 9068335
E-Mail: info@vmn-naumann.de
Im Internet finden Sie uns unter: www.vmn-naumann.de